A mi padre, mi madre y mi hermano,
porque siempre están.

ANÁLISIS DE LAS LESIONES EN PIRAGÜISMO Y DE SU PREVENCIÓN

Urbano Poo de la Granda

ISBN: 978-1-4092-0038-3
Autor: Urbano Poo de la Granda
Editor: Lulu

ÍNDICE

INTRODUCCIÓN

Desde un principio creí y vi en este trabajo, una buena oportunidad para estudiar algo de lo que ha estado en boca de todos los que me rodeaban, las lesiones en piragüismo.

Después de hacer una revisión bibliográfica, podemos decir que sólo se encuentra un esbozo de análisis de este tema en el trabajo de Fernández B., Terrados N., Pérez-Landaluce J. y Rodríguez M. "Patología del Piragüismo", el cual es el comienzo y desde el que parte este trabajo.

La importancia de estudiar las lesiones no es otra que la de conseguir prevenirlas, ya que evitar lesiones, significa no perder entrenamientos y por supuesto, competiciones, objetivo de todo deportista.

Sin embargo, en este único trabajo sobre el tema no se analizan las repercusiones ni el impacto de las lesiones de los palistas. Por lo tanto, uno de los objetivos de este estudio es plantear un trabajo simple, que ayude a analizar y comprender los datos más importantes y relevantes con respecto a las lesiones en este deporte, para poder conocerlas y de esta forma, trabajar en la medida de lo posible en su prevención. Al no existir bibliografía, considero muy importante, un planteamiento del trabajo que dé una información inicial, tanto al entrenador como al palista, además de ser una propuesta que plantee la posibilidad de avanzar, analizar y comparar datos objetivos en posteriores estudios, siendo esta una buena base para poder seguir ampliando el conocimiento en el área específica del deporte, que tanto puede ayudar al rendimiento del deportista.

En toda esta propuesta inicial para la realización del trabajo, se han tenido en cuenta todas las variables más importantes que tiene este deporte y los factores de mayor riesgo, como pueden ser volumen e intensidad de entrenamiento.

Una vez estructurada la idea, se dió paso a la búsqueda de una clasificación de lesiones coherente que hiciera que en la toma de datos no se perdiera información relevante, además de intentar cumplir con esta, uno de los objetivos mencionados anteriormente, que es la de facilitar el manejo de datos y que se puedan ver de forma clara. Por eso, he planteado una clasificación práctica y específica propuesta por el Dr. Fernando García Herrero (Médico deportivo del Equipo Nacional de Piragüismo desde 1996 hasta 2004) que no se corresponde con ninguna de las encontradas en la bibliografía específica de las lesiones deportivas, para que permita también una posterior continuidad del trabajo.

OBJETIVOS

Generales

- Plantear un trabajo que ayude a ver y comprender los datos más relevantes con respecto a las lesiones en este deporte en la modalidad "kayak" hombres y damas.
- Conocer y analizar las lesiones para poder trabajar en su prevención.
- Proporcionar una base para que, en posteriores estudios, se pueda seguir ampliando el conocimiento en el área especifica del deporte.

Específicos

La clasificación de las lesiones utilizada en el trabajo es importante para la comprensión de los objetivos (propuesta por el Dr. Fernando García Herrero):

- Lesiones osteoarticulares
- Lesiones músculo tendinosas estructurales
- Lesiones músculo tendinosas no estructurales

Los objetivos cuantificables de este trabajo son:

- Diferenciar en porcentajes las lesiones entre kayakistas hombres y mujeres.
- Conocer el porcentaje de palistas Olímpicos e Internacionales encuestados.
- Conocer cual es la lesión que más frecuente.
- Saber el porcentaje de cada tipo de lesiones que se producen.
- Conocer las causas por las cuales se produce cada tipo de lesión.
- Edad en la que se produce cada tipo de lesión.

- Saber el porcentaje de lesiones que se producen en cada periodo de entrenamiento.
- Conocer el periodo de la temporada en el que se producen mas lesiones.
- Conocer la lesión que provoca más recaidas.
- Conocer la duración de cada tipo de lesión.
- Identificar los síntomas actuales de las lesiones.

MÉTODO

Sujetos

Los datos presentados en este trabajo se obtuvieron de un estudio retrospectivo con palistas (kayakistas hombres y damas) pertenecientes al Equipo Nacional de Piragüismo durante los últimos 10 años. Participaron en la misma 28 deportistas de los cuales el 57,1% son Internacionales y el 42,9% Olímpicos.

El rango de edad de los sujetos comprendió entre los 18 y 34 años.

La muestra a estudiar suma un total de N=28.

Estos deportistas se encuentran concentrados durante periodos largos de tiempo con el Equipo Nacional de Piragüismo por lo que todos ellos están dentro de un mismo programa de entrenamiento. Los palistas realizan una media de 10 sesiones de entrenamiento a la semana pudiendo incluir en cada una de estas, entrenamiento en agua y tierra.

Material y procedimiento

Se aplicó un inventario o cuestionario anónimo (anexo), que constó de una serie de preguntas para obtener los datos necesarios para resolver los objetivos planteados en este trabajo. Entre ellos se requerían los datos personales como el sexo, edad, años de practica, internacional, olímpico, modalidad y distancia y la información necesaria respecto a cada tipo de lesión como tipo de lesión, número de veces que se ha producido, edad a la que se produjo esa lesión, por qué se ha producido, época de la temporada en la que se produce, duración de las misma y síntomas actuales. También es cierto que algunas de las variables encuestadas finalmente no han sido utilizadas en el análisis de los datos.

En cuanto a la clasificación de las lesiones utilizada, como ya comente anteriormente, no se fundamenta en ninguna clasificación estándar o ya utilizada, sino que ha sido fruto de la experiencia, ya que lo que se busca es una estructura básica y funcional que nos de datos generales y prácticos (propuesta por el Dr. Fernando García Herrero).

Clasificación utilizada:

- Lesiones osteoarticulares
- Lesiones músculo tendinosas estructurales
- Lesiones músculo tendinosas no estructurales

En cuanto a esta clasificación, podemos decir que sus definiciones son:

- **Lesiones osteoarticulares:**

Incluímos en esta categoría aquellas patologías relacionadas con una estructura ósea en particular (Ej. fractura de estrés) y/o aquellas que afectan la interrelación de varios huesos entre si (Ej. dicopatía intervertebral).

- **Lesiones músculo tendinosas estructurales:**

Abarca esta categoría las lesiones que implican una solución de continuidad de fibras musculares y estructuras de tejido conectivo adyacentes (tendones y capas de colágeno envolventes de las fibras musculares).

- **Lesiones músculo tendinosas no estructurales:**

En este apartado incluyo el grupo de lesiones funcionales; aquellas en las que el uso o abuso de determinadas estructuras relacionadas con el gesto deportivo específico, especialmente en deportes cíclicos, lleva a una disminución parcial o total de su funcionalidad.

Con respecto a la duración de las lesiones también podemos tomar como referencia la definición que proporciona la AMA (Asociación Médica Americana) para concretizar el nivel de lesión:

- Leves: pérdida de 1 a 7 días de práctica deportiva.
- Moderadas: Entre 7 y 21 días de pérdida de práctica deportiva.
- Graves o severas: Más de 3 semanas sin la realización de práctica deportiva.

Análisis de datos

Para lograr un análisis exhaustivo acerca de los datos obtenidos, se ha utilizado el programa estadístico SPSS 13.0 para Windows. Con este programa se pueden obtener las tablas de frecuencia necesarias para interpretar todos los resultados.

RESULTADOS

Relación palistas Internacionales y Olímpicos encuestados

Frecuencias

Estadísticos

¿Ha sido Olímpico?

N	Válidos	28
	Perdidos	0

¿Ha sido Olímpico?

		Frecuencia	Porcentaje	Porcentaje válido	Porcentaje acumulado
Válidos	Sí	12	42,9	42,9	42,9
	No	16	57,1	57,1	100,0
	Total	28	100,0	100,0	

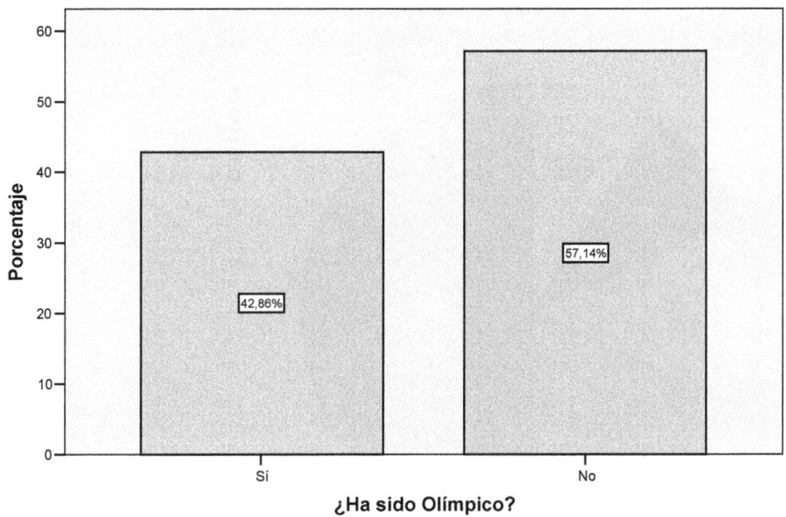

LESIONES OSTEOARTICULARES

Datos kayakistas hombres

Porcentaje de lesiones OA producidas

Estadísticos(a)

Lesión Osteoarticular

N	Válidos	22
	Perdidos	0
Moda		,00

a Sexo del sujeto = Hombre

Lesión Osteoarticular(a)

		Frecuencia	Porcentaje	Porcentaje válido	Porcentaje acumulado
Válidos	Nunca se ha producido	11	50,0	50,0	50,0
	Tobillo	4	18,2	18,2	68,2
	Rodilla	3	13,6	13,6	81,8
	Muñeca	2	9,1	9,1	90,9
	Acromio clavicular	2	9,1	9,1	100,0
	Total	22	100,0	100,0	

a Sexo del sujeto = Hombre

Lesión Osteoarticular

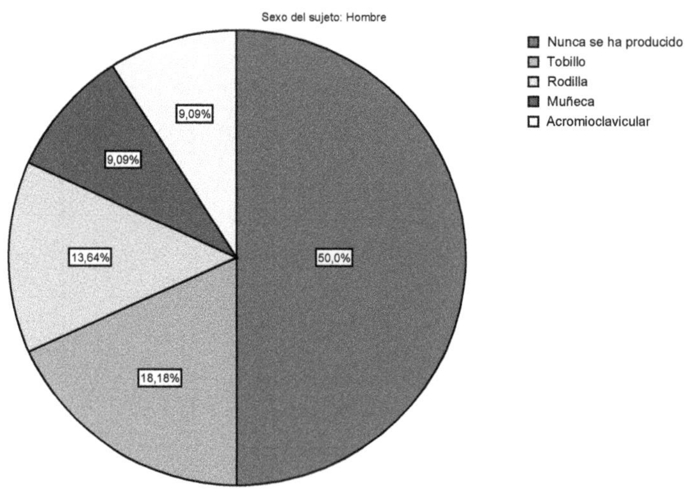

Número de veces que se repiten las lesiones OA

Estadísticos(a)

Número de veces que se repite la lesión Osteoarticular

N	Válidos	22
	Perdidos	0
Moda		,00

a Sexo del sujeto = Hombre

Número de veces que se repite la lesión Osteoarticular(a)

		Frecuencia	Porcentaje	Porcentaje válido	Porcentaje acumulado
Válidos	Nunca	11	50,0	50,0	50,0
	1-2	8	36,4	36,4	86,4
	3-4	1	4,5	4,5	90,9
	11-12	2	9,1	9,1	100,0
	Total	22	100,0	100,0	

a Sexo del sujeto = Hombre

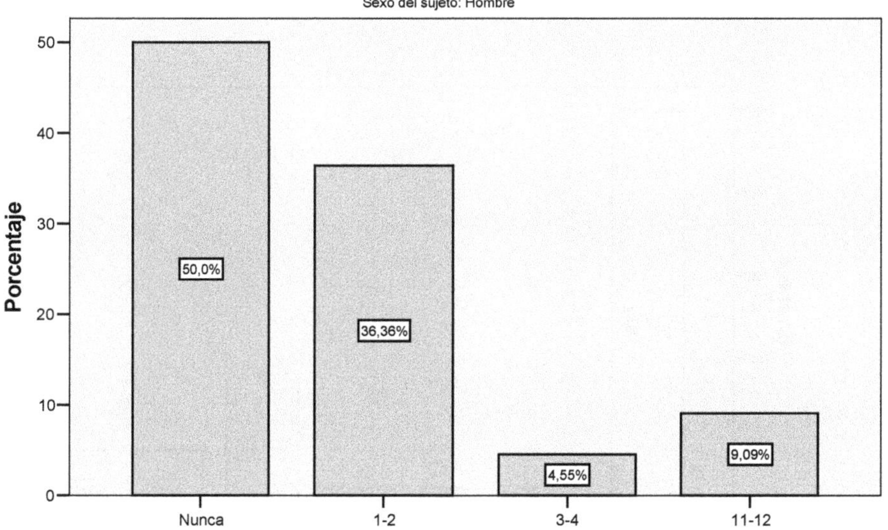

Edad a la que se producen las lesiones OA

Estadísticos(a)

Edad a la que se produce la lesión Osteoarticular

N	Válidos	22
	Perdidos	0
Moda		,00

a Sexo del sujeto = Hombre

Edad a la que se produce la lesión Osteoarticular(a)

		Frecuencia	Porcentaje	Porcentaje válido	Porcentaje acumulado
Válidos	Nunca	11	50,0	50,0	50,0
	14-15	1	4,5	4,5	54,5
	16-17	1	4,5	4,5	59,1
	18-19	1	4,5	4,5	63,6
	20-21	4	18,2	18,2	81,8
	22-23	2	9,1	9,1	90,9
	24-25	2	9,1	9,1	100,0
	Total	22	100,0	100,0	

a Sexo del sujeto = Hombre

Edad a la que se produce la lesión Osteoarticular

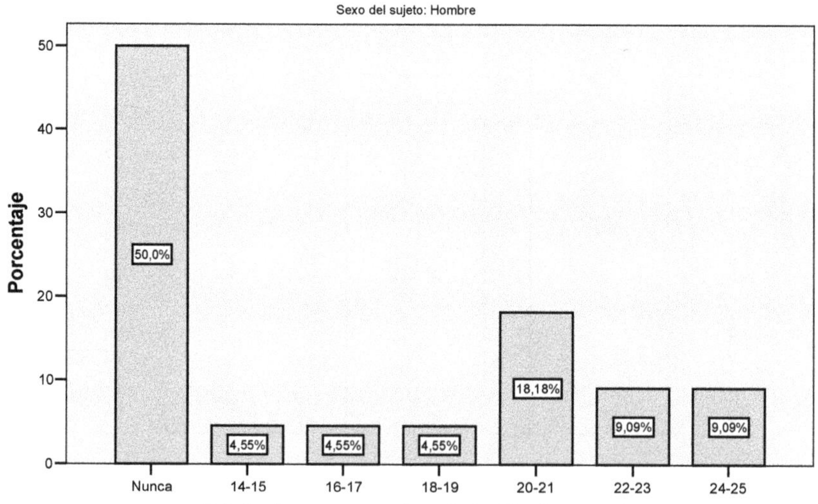

Causa por la que se producen las lesiones OA

Estadísticos(b)

Causa por la que se produjo la lesión Osteoarticular

N	Válidos	22
	Perdidos	0
Moda		,00(a)

a Existen varias modas. Se mostrará el menor de los valores.
b Sexo del sujeto = Hombre

Causa por la que se produjo la lesión Osteoarticular(a)

		Frecuencia	Porcentaje	Porcentaje válido	Porcentaje acumulado
Válidos	Nunca	11	50,0	50,0	50,0
	Entrenamiento en tierra	11	50,0	50,0	100,0
	Total	22	100,0	100,0	

a Sexo del sujeto = Hombre

Causa por la que se produjo la lesión Osteoarticular

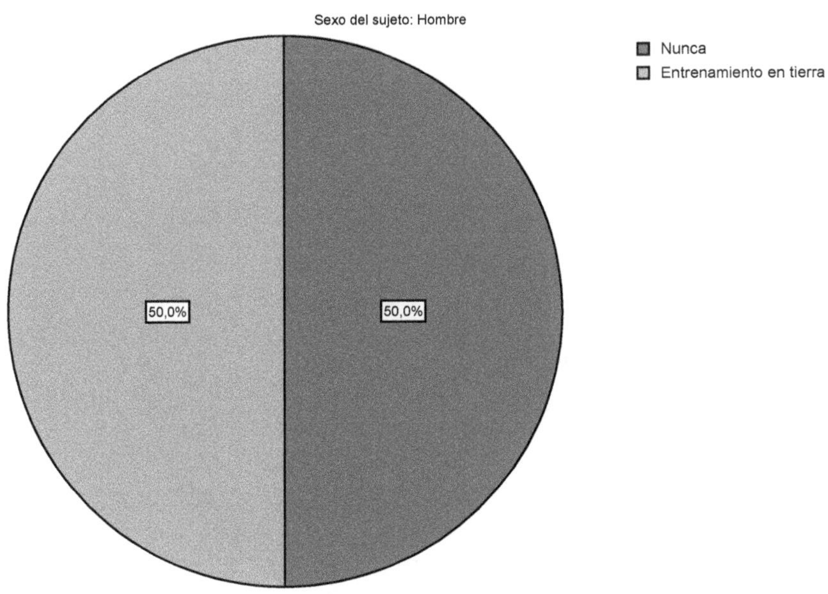

Período en el que se producen las lesiones OA

Estadísticos(a)

Período en el que se produjo la lesión Osteoarticular

N	Válidos	22
	Perdidos	0
Moda		,00

a Sexo del sujeto = Hombre

Período en el que se produjo la lesión Osteoarticular(a)

		Frecuencia	Porcentaje	Porcentaje válido	Porcentaje acumulado
Válidos	Nunca	11	50,0	50,0	50,0
	Período preparatorio general	8	36,4	36,4	86,4
	Período competitivo	3	13,6	13,6	100,0
	Total	22	100,0	100,0	

a Sexo del sujeto = Hombre

Período en el que se produjo la lesión Osteoarticular

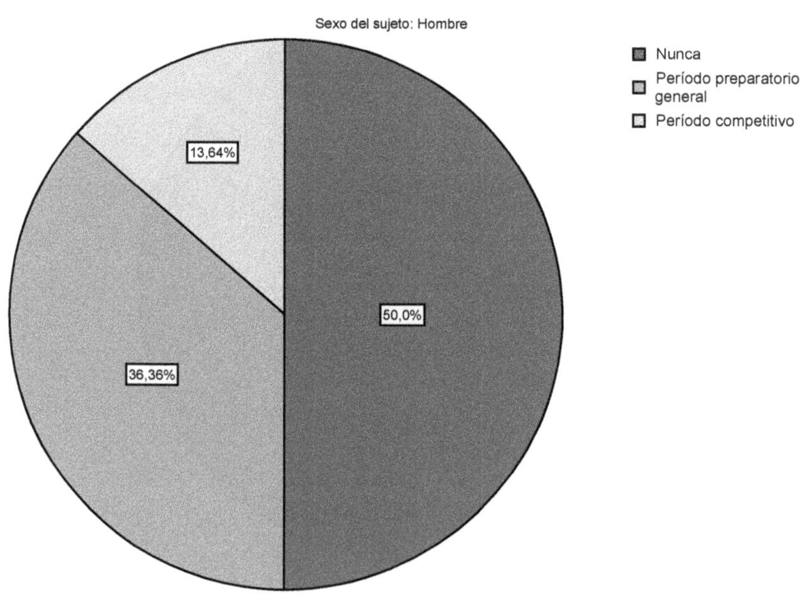

Duración de las lesiones OA

Estadísticos(a)

Duración de la lesión Osteoarticular

N	Válidos	22
	Perdidos	0
Moda		,00

a Sexo del sujeto = Hombre

Duración de la lesión Osteoarticular(a)

		Frecuencia	Porcentaje	Porcentaje válido	Porcentaje acumulado
Válidos	Nunca	11	50,0	50,0	50,0
	Menos de 3 semanas	5	22,7	22,7	72,7
	Más de 3 semanas	6	27,3	27,3	100,0
	Total	22	100,0	100,0	

a Sexo del sujeto = Hombre

Duración de la lesión Osteoarticular

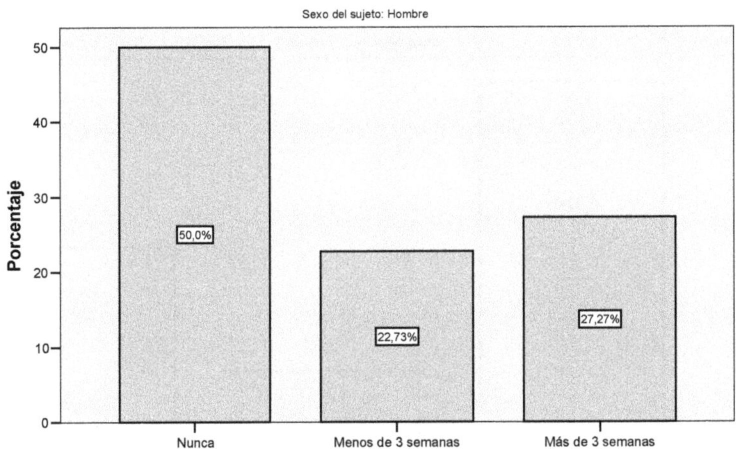

Síntomas actuales de las lesiones OA

Estadísticos(a)

Síntomas actuales de la lesión Osteoarticular

N	Válidos	22
	Perdidos	0
Moda		,00

a Sexo del sujeto = Hombre

Síntomas actuales de la lesión Osteoarticular(a)

		Frecuencia	Porcentaje	Porcentaje válido	Porcentaje acumulado
Válidos	Nunca	11	50,0	50,0	50,0
	Sí	4	18,2	18,2	68,2
	No	7	31,8	31,8	100,0
	Total	22	100,0	100,0	

a Sexo del sujeto = Hombre

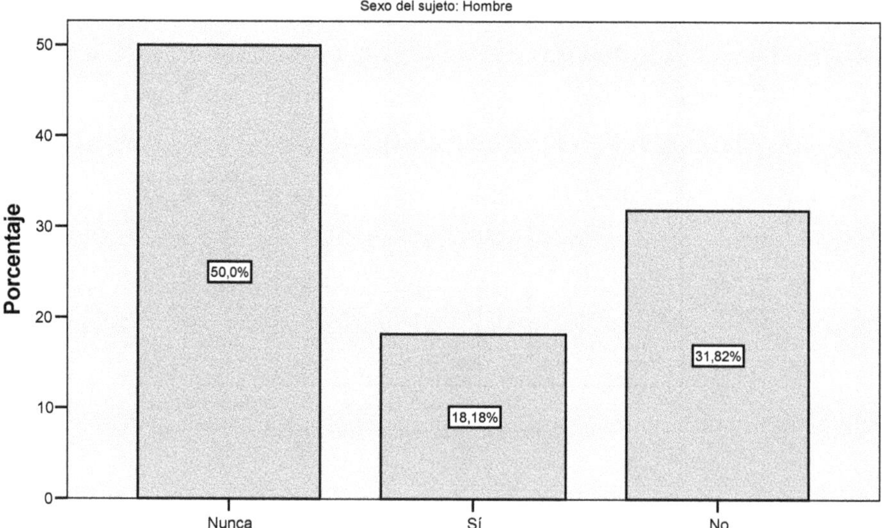

Comentario sobre los resultados de las lesiones OA en kayakistas hombres

Dentro de los palistas encuestados, el 50% no han sufrido ninguna lesión de este tipo.

El restante 50% las han sufrido de la siguiente forma:

Tobillo 18,2 %

Rodilla 13,6 %

Muñeca 9,1 %

Acromio clavicular 9,1 %

Cabe destacar dentro de este tipo de lesiones, que como se refleja en las tablas, no son lesiones que produzcan muchas recaídas ya que en un porcentaje muy elevado de las producidas sólo ha sucedido una o dos veces. Aunque cabe destacar que en un porcentaje menor la lesión llega a repetirse entre 11 y 12 veces con lo cual seria un dato a analizar (9,1%).

La edad en la que mas lesiones se producen comprende entre los 20 y 21 años, edades en las que comprende un gran aumento de volumen del deportista, pero produciéndose estas lesiones de manera muy repartida a lo largo de la vida deportiva de los palistas.

El dato mas relevante de todos los vistos en este apartado es que todas las lesiones de este tipo se han producido en entrenamientos en tierra (carrera, gimnasio, ciclismo, juegos...) por lo tanto hemos de destacar el factor de riesgo tan importante como es este y la posibilidad de trabajar sobre ello intentando reducir al máximo los factores de riesgo en este área.

Durante el periodo preparatorio se producen el 36,4 % de las lesiones siendo en esta época cuando mas importancia se le da a los entrenamientos mencionados anteriormente. Durante el periodo competitivo se producen un 13,6 % interviniendo más factores que los propiamente dichos del periodo preparatorio general como puede ser la intensidad del entrenamiento.

El 22,7 % de las lesiones osteoarticulares son de tipo moderadas según la clasificación de la Asociación Médica Americana y el 27,3% se consideran graves o severas.

En cuanto a la repercusión de las lesiones sufridas o lo que es lo mismo los síntomas actuales de los palistas en un 18,18 % aun tiene síntomas y el restante 31,82 no los tiene.

Datos kayakistas damas

Porcentaje de lesiones OA producidas

Estadísticos(a)

Lesión Osteoarticular

N	Válidos	6
	Perdidos	0
Moda		,00

a Sexo del sujeto = Mujer

Lesión Osteoarticular(a)

		Frecuencia	Porcentaje	Porcentaje válido	Porcentaje acumulado
Válidos	Nunca se ha producido	4	66,7	66,7	66,7
	Rodilla	1	16,7	16,7	83,3
	Acromio clavicular	1	16,7	16,7	100,0
	Total	6	100,0	100,0	

a Sexo del sujeto = Mujer

Lesión Osteoarticular

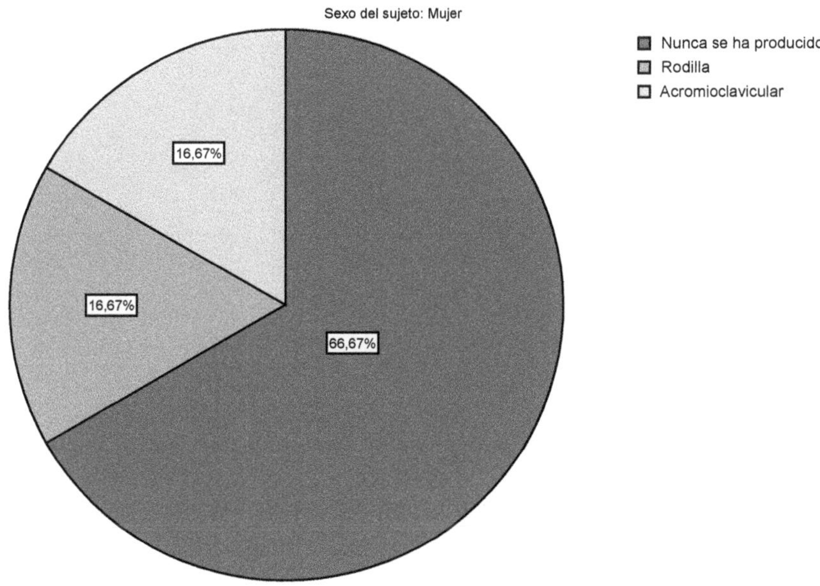

Número de veces que se repiten las lesiones OA

Estadísticos(a)

Número de veces que se repite la lesión Osteoarticular

N	Válidos	6
	Perdidos	0
Moda		,00

a Sexo del sujeto = Mujer

Número de veces que se repite la lesión Osteoarticular(a)

		Frecuencia	Porcentaje	Porcentaje válido	Porcentaje acumulado
Válidos	Nunca	4	66,7	66,7	66,7
	3-4	2	33,3	33,3	100,0
	Total	6	100,0	100,0	

a Sexo del sujeto = Mujer

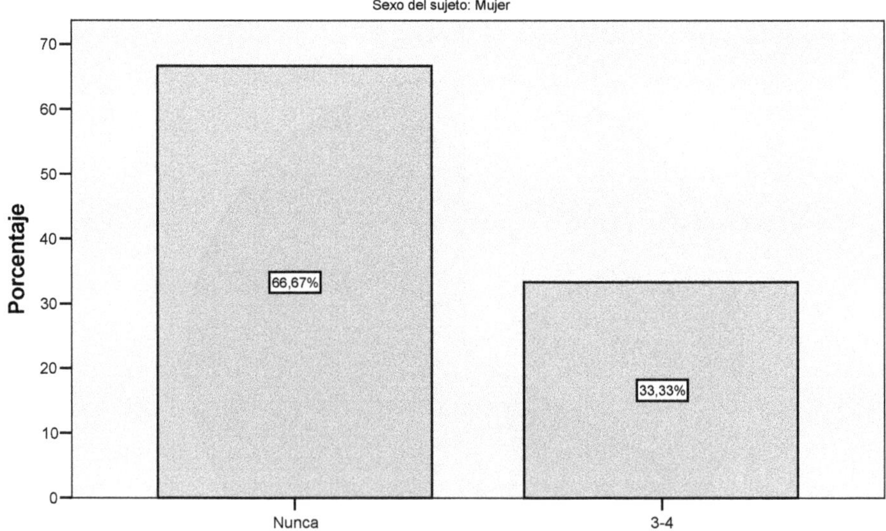

Edad a la que se producen las lesiones OA

Estadísticos(a)

Edad a la que se produce la lesión Osteoarticular

N	Válidos	6
	Perdidos	0
Moda		,00

a Sexo del sujeto = Mujer

Edad a la que se produce la lesión Osteoarticular(a)

		Frecuencia	Porcentaje	Porcentaje válido	Porcentaje acumulado
Válidos	Nunca	4	66,7	66,7	66,7
	14-15	1	16,7	16,7	83,3
	22-23	1	16,7	16,7	100,0
	Total	6	100,0	100,0	

a Sexo del sujeto = Mujer

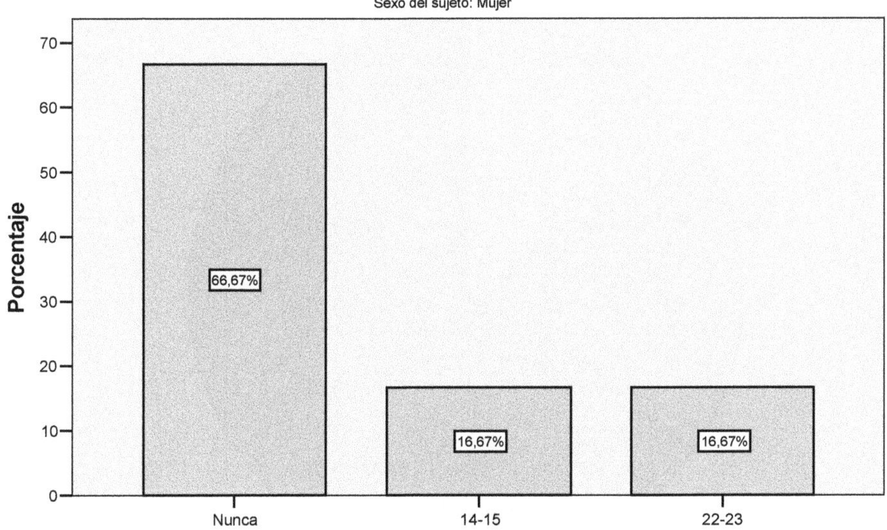

Causa por la que se producen las lesiones OA

Estadísticos(a)

Causa por la que se produjo la lesión Osteoarticular

N	Válidos	6
	Perdidos	0
Moda		,00

a Sexo del sujeto = Mujer

Causa por la que se produjo la lesión Osteoarticular(a)

		Frecuencia	Porcentaje	Porcentaje válido	Porcentaje acumulado
Válidos	Nunca	4	66,7	66,7	66,7
	Entrenamiento en tierra	1	16,7	16,7	83,3
	Entrenamiento en agua	1	16,7	16,7	100,0
	Total	6	100,0	100,0	

a Sexo del sujeto = Mujer

Causa por la que se produjo la lesión Osteoarticular

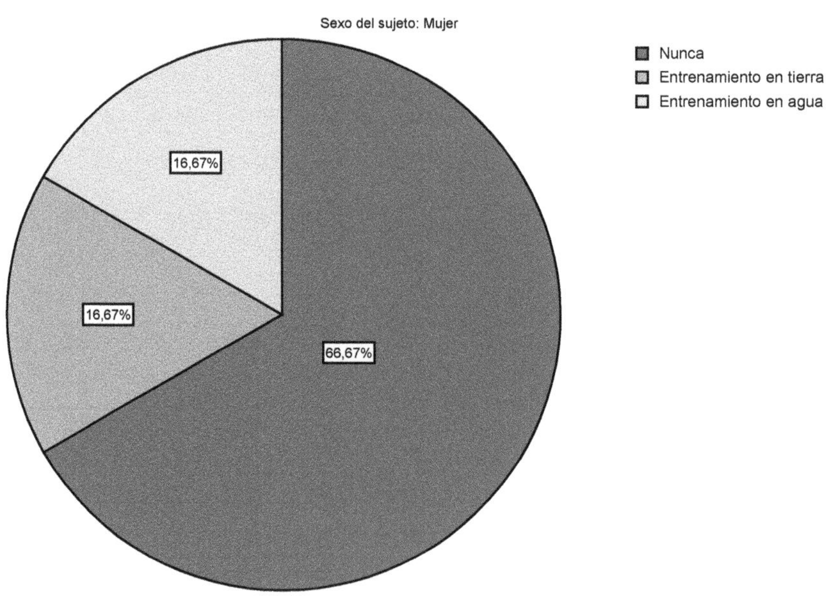

Período en el que se producen las lesiones OA

Estadísticos(a)

Período en el que se produjo la lesión Osteoarticular

N	Válidos	6
	Perdidos	0
Moda		,00

a Sexo del sujeto = Mujer

Período en el que se produjo la lesión Osteoarticular(a)

		Frecuencia	Porcentaje	Porcentaje válido	Porcentaje acumulado
Válidos	Nunca	4	66,7	66,7	66,7
	Período preparatorio general	1	16,7	16,7	83,3
	Período preparatorio específico	1	16,7	16,7	100,0
	Total	6	100,0	100,0	

a Sexo del sujeto = Mujer

Período en el que se produjo la lesión Osteoarticular

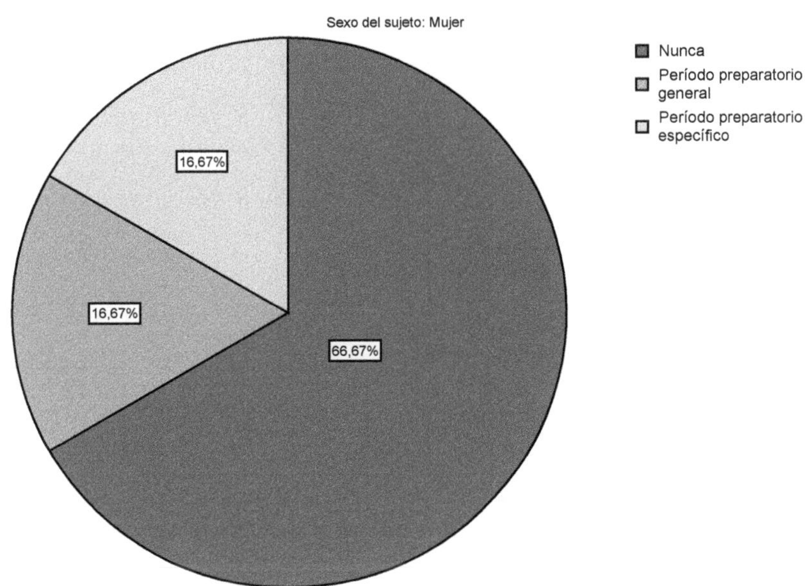

Duración de las lesiones OA

Estadísticos(a)

Duración de la lesión Osteoarticular

N	Válidos	6
	Perdidos	0
Moda		,00

a Sexo del sujeto = Mujer

Duración de la lesión Osteoarticular(a)

		Frecuencia	Porcentaje	Porcentaje válido	Porcentaje acumulado
Válidos	Nunca	4	66,7	66,7	66,7
	Menos de 1 semana	1	16,7	16,7	83,3
	Menos de 3 semanas	1	16,7	16,7	100,0
	Total	6	100,0	100,0	

a Sexo del sujeto = Mujer

Duración de la lesión Osteoarticular

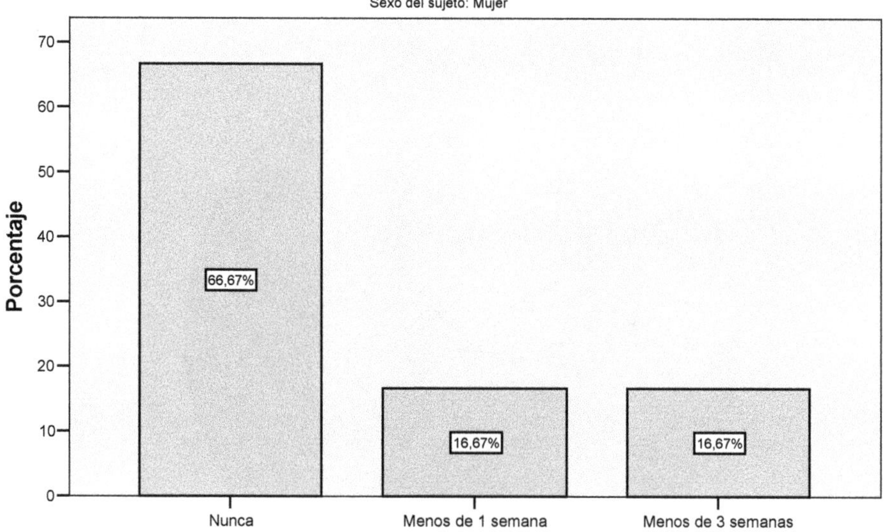

Síntomas actuales de las lesiones OA

Estadísticos(a)

Síntomas actuales de la lesión Osteoarticular

N	Válidos	6
	Perdidos	0
Moda		,00

a Sexo del sujeto = Mujer

Síntomas actuales de la lesión Osteoarticular(a)

		Frecuencia	Porcentaje	Porcentaje válido	Porcentaje acumulado
Válidos	Nunca	4	66,7	66,7	66,7
	Sí	2	33,3	33,3	100,0
	Total	6	100,0	100,0	

a Sexo del sujeto = Mujer

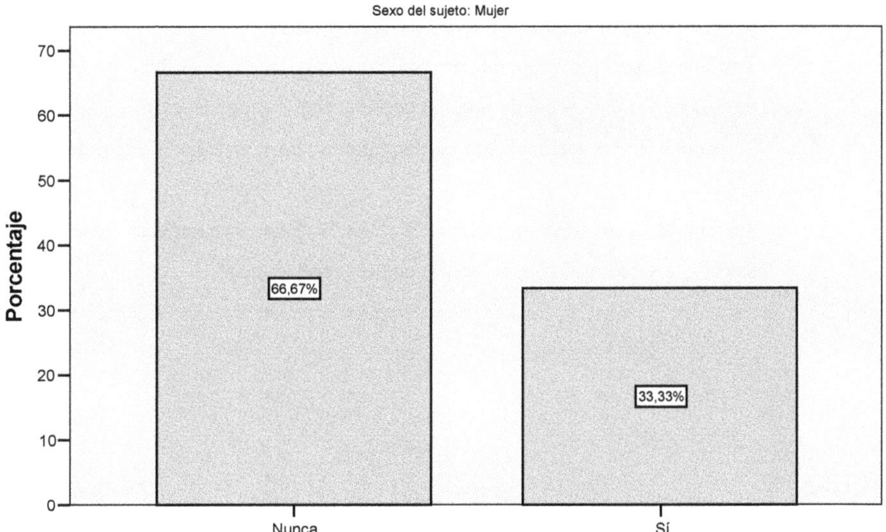

Comentario sobre los resultados de las lesiones OA en kayakistas damas

Dentro de las palistas encuestadas el 66,7% no han sufrido ninguna lesión de este tipo.

El restante 33,33 % las ha sufrido de la siguiente forma:

Rodilla 16,7 %

Acromio clavicular 16,7 %

El 33,33 % de las lesiones, es decir todas las lesiones osteoarticulares producidas en las mujeres se han producido entre 3 y 4 veces siendo el número moda más elevado que la de los hombres pero también es preciso destacar que estas sólo se han producido en dos articulaciones.

La edad en la que se producen este tipo de lesiones comprende entre los 14 y 15 años en un 16,7 %, y en otro 16,7 % entre los 22 y 23 años.

Sorprendentemente, a diferencia de los hombres, en las mujeres este tipo de lesiones no se producen sólo en el entrenamiento en tierra (16,7 %) sino que en un 16,7 % se han producido por el entrenamiento en agua.

Durante el periodo preparatorio general se producen el 16,7 % de las lesiones siendo en esta época el porcentaje igual al periodo preparatorio específico.

La mitad de las lesiones que se han producido son leves y la mitad restante moderadas.

En cuanto a los síntomas actuales el 33,33 % de las mujeres tiene síntomas actuales derivados de las lesiones osteoarticulares producidas.

LESIONES MÚSCULO-LIGAMENTOSAS ESTRUCTURALES

Datos kayakistas hombres

Porcentaje de lesiones MLE producidas

Estadísticos(a)

Lesión Músculo-ligamentosa Estructural

N	Válidos	22
	Perdidos	0
Moda		,00

a Sexo del sujeto = Hombre

Lesión Músculo-ligamentosa Estructural(a)

		Frecuencia	Porcentaje	Porcentaje válido	Porcentaje acumulado
Válidos	Nunca se ha producido	10	45,5	45,5	45,5
	Pectoral	8	36,4	36,4	81,8
	Dorsal	1	4,5	4,5	86,4
	Angular del omóplato	1	4,5	4,5	90,9
	Intercostal	1	4,5	4,5	95,5
	Bíceps	1	4,5	4,5	100,0
	Total	22	100,0	100,0	

a Sexo del sujeto = Hombre

Lesión Músculo-ligamentosa Estructural

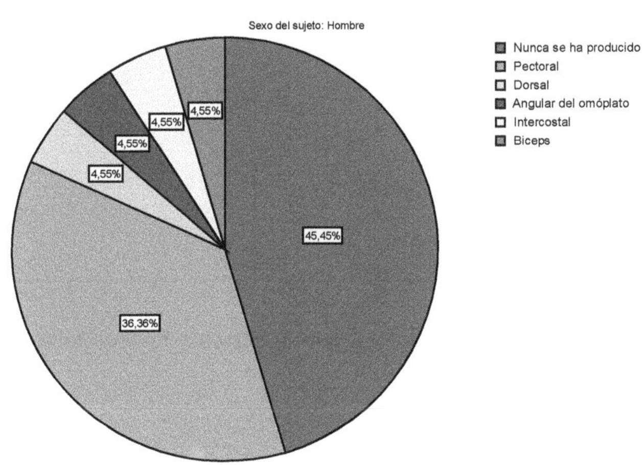

Número de veces que se repiten las lesiones MLE

Estadísticos(a)

Número de veces que se repite la lesión Músculo-ligamentosa Estructural

N	Válidos	22
	Perdidos	0
Moda		1,00

a Sexo del sujeto = Hombre

Número de veces que se repite la lesión Músculo-ligamentosa Estructural(a)

		Frecuencia	Porcentaje	Porcentaje válido	Porcentaje acumulado
Válidos	Nunca	10	45,5	45,5	45,5
	1-2	12	54,5	54,5	100,0
	Total	22	100,0	100,0	

a Sexo del sujeto = Hombre

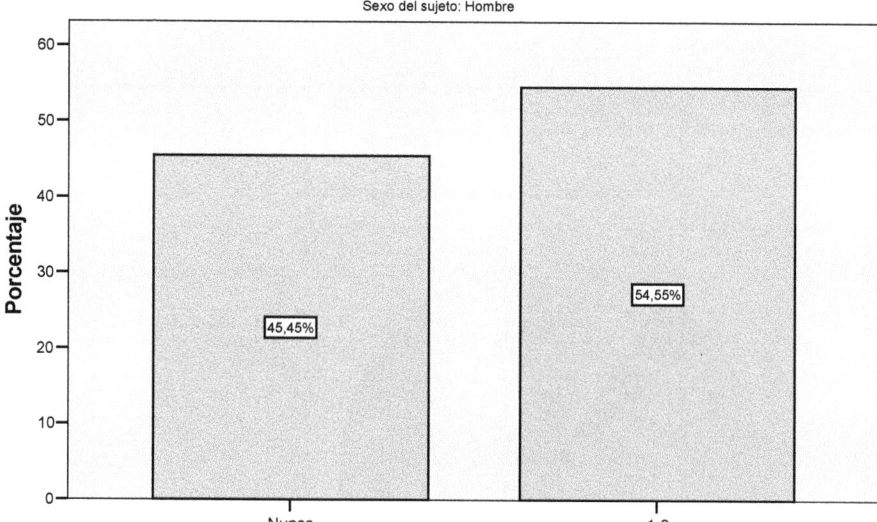

Edad en la que se producen las lesiones MLE

Estadísticos(a)

Edad a la que se produce la lesión Músculo-ligamentosa Estructural

N	Válidos	22
	Perdidos	0
Moda		,00

a Sexo del sujeto = Hombre

Edad a la que se produce la lesión Músculo-ligamentosa Estructural(a)

		Frecuencia	Porcentaje	Porcentaje válido	Porcentaje acumulado
Válidos	Nunca	10	45,5	45,5	45,5
	14-15	1	4,5	4,5	50,0
	16-17	1	4,5	4,5	54,5
	18-19	1	4,5	4,5	59,1
	20-21	4	18,2	18,2	77,3
	22-23	4	18,2	18,2	95,5
	24-25	1	4,5	4,5	100,0
	Total	22	100,0	100,0	

a Sexo del sujeto = Hombre

Edad a la que se produce la lesión Músculo-ligamentosa Estructural

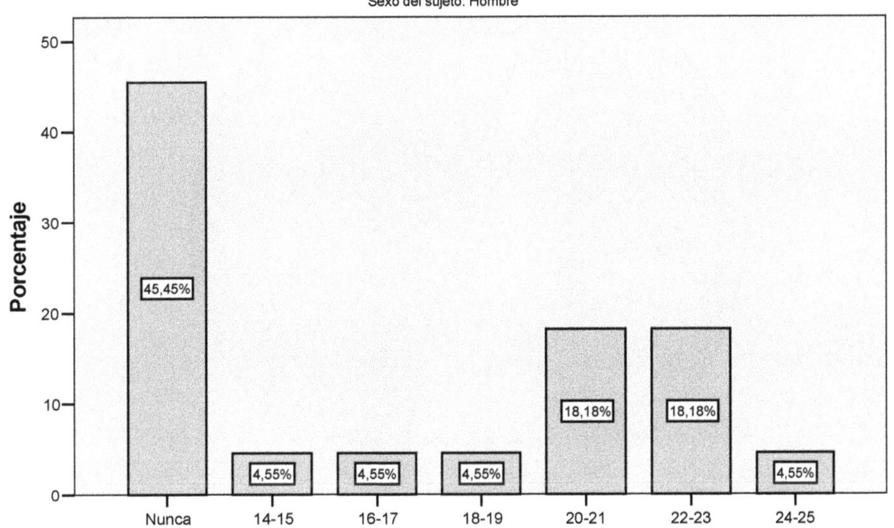

Causa por las que se producen las lesiones MLE

Estadísticos(b)

Causa por la que se produjo la lesión Músculo-ligamentosa Estructural

N	Válidos	22
	Perdidos	0
Moda		,00(a)

a Existen varias modas. Se mostrará el menor de los valores.
b Sexo del sujeto = Hombre

Causa por la que se produjo la lesión Músculo-ligamentosa Estructural(a)

		Frecuencia	Porcentaje	Porcentaje válido	Porcentaje acumulado
Válidos	Nunca	10	45,5	45,5	45,5
	Entrenamiento en tierra	10	45,5	45,5	90,9
	Durante una competición	1	4,5	4,5	95,5
	Por la adaptación a los barcos de equipo	1	4,5	4,5	100,0
	Total	22	100,0	100,0	

a Sexo del sujeto = Hombre

Causa por la que se produjo la lesión Músculo-ligamentosa Estructural

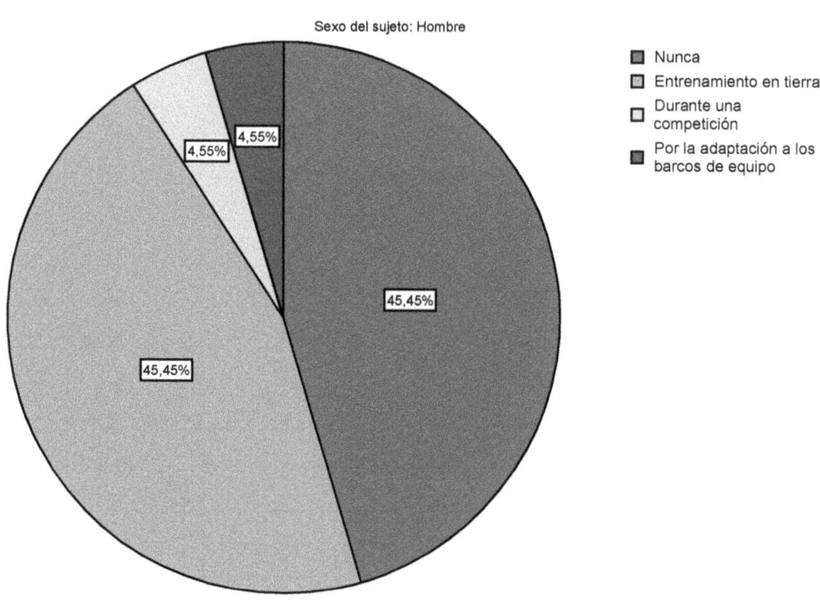

Período en el que se producen las lesiones MLE

Estadísticos(a)

Período en el que se produjo la lesión Músculo-ligamentosa Estructural

N	Válidos	22
	Perdidos	0
Moda		,00

a Sexo del sujeto = Hombre

Período en el que se produjo la lesión Músculo-ligamentosa Estructural(a)

		Frecuencia	Porcentaje	Porcentaje válido	Porcentaje acumulado
Válidos	Nunca	10	45,5	45,5	45,5
	Período preparatorio general	9	40,9	40,9	86,4
	Período preparatorio específico	1	4,5	4,5	90,9
	Período competitivo	2	9,1	9,1	100,0
	Total	22	100,0	100,0	

a Sexo del sujeto = Hombre

Período en el que se produjo la lesión Músculo-ligamentosa Estructural

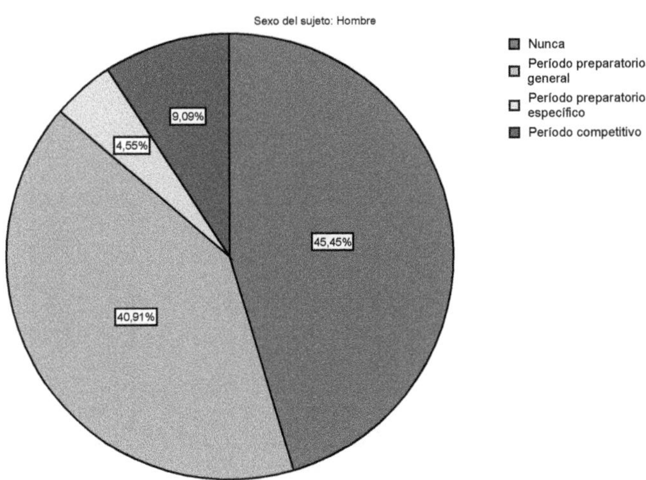

Duración de las lesiones MLE

Estadísticos(a)

Duración de la lesión Músculo-ligamentosa Estructural

N	Válidos	22
	Perdidos	0
Moda		,00

a Sexo del sujeto = Hombre

Duración de la lesión Músculo-ligamentosa Estructural(a)

		Frecuencia	Porcentaje	Porcentaje válido	Porcentaje acumulado
Válidos	Nunca	11	50,0	50,0	50,0
	Menos de 3 semanas	5	22,7	22,7	72,7
	Más de 3 semanas	6	27,3	27,3	100,0
	Total	22	100,0	100,0	

a Sexo del sujeto = Hombre

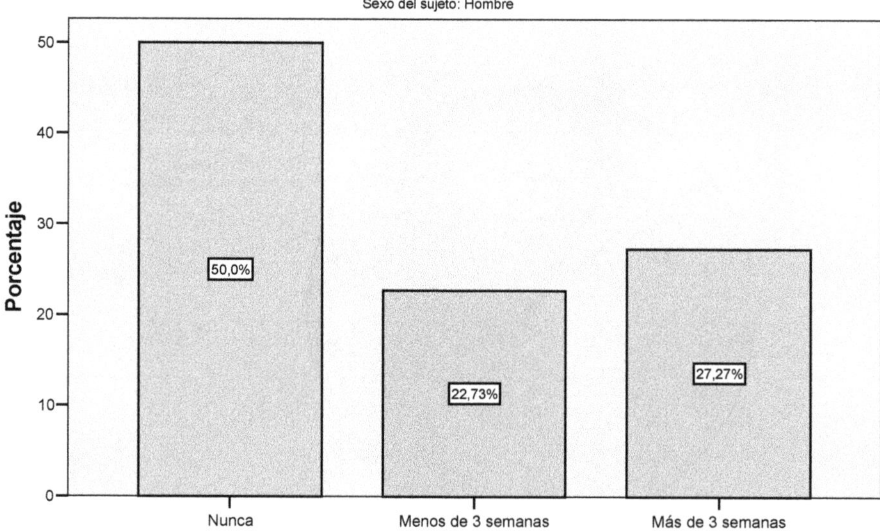

Síntomas actuales de las lesiones MLE

Estadísticos(b)

Síntomas actuales de la lesión Músculo-ligamentosa Estructural

N	Válidos	22
	Perdidos	0
Moda		,00(a)

a Existen varias modas. Se mostrará el menor de los valores.
b Sexo del sujeto = Hombre

Síntomas actuales de la lesión Músculo-ligamentosa Estructural(a)

		Frecuencia	Porcentaje	Porcentaje válido	Porcentaje acumulado
Válidos	Nunca	10	45,5	45,5	45,5
	Sí	2	9,1	9,1	54,5
	No	10	45,5	45,5	100,0
	Total	22	100,0	100,0	

a Sexo del sujeto = Hombre

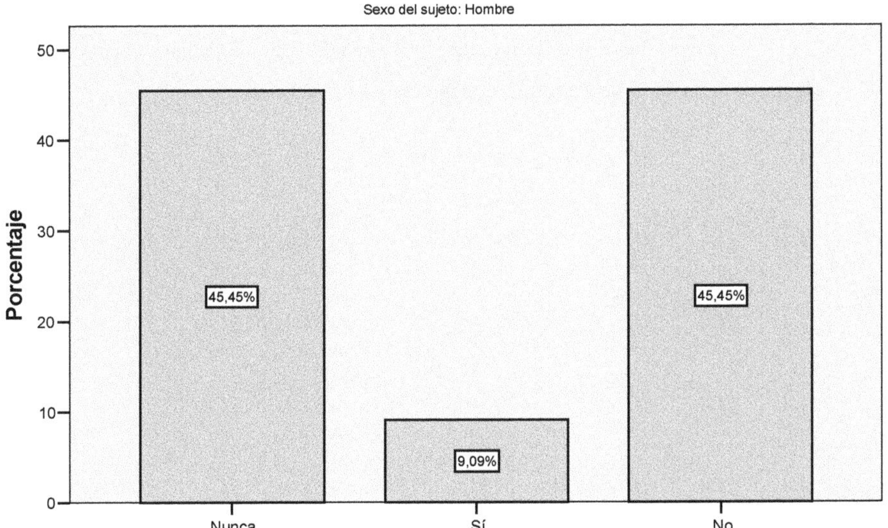

Comentario sobre los resultados de las lesiones MLE en kayakistas hombres

En cuanto a las lesiones músculo ligamentosas en los palistas hombres es más variada que las anteriores como se indica en las tablas.

Podemos destacar que todas las lesiones surgidas de este tipo han sido en el miembro superior de los palistas masculinos, siendo la que con mayor frecuencia se repite en el pectoral con un 36,4 %.

Todas las lesiones se han producido entre 1 y 2 veces.

La edad a la que se producen con mayor frecuencia estas lesiones es entre los 20 y 23 años edad en la que se produce un aumento de volumen muscular debido al aumento de la carga de entrenamientos en gimnasio.

El 45,5 % de las lesiones son producidas por el entrenamiento en tierra, dato que podemos relacionar al mencionado anteriormente.

Durante el periodo preparatorio general se producen el 40,9 % de las lesiones.

El 22,7 % de las lesiones que se han producido son moderadas y el 27,3 % se consideran graves o severas.

En cuanto los síntomas actuales solo el 9,09 % de los palistas encuestados tiene alguna secuela de la lesión músculo ligamentosa estructural.

Datos kayakistas damas

Porcentaje de lesiones MLE producidas

Estadísticos(a)

Lesión Músculo-ligamentosa Estructural

N	Válidos	6
	Perdidos	0
Moda		,00

a Sexo del sujeto = Mujer

Lesión Músculo-ligamentosa Estructural(a)

		Frecuencia	Porcentaje	Porcentaje válido	Porcentaje acumulado
Válidos	Nunca se ha producido	4	66,7	66,7	66,7
	Pectoral	2	33,3	33,3	100,0
	Total	6	100,0	100,0	

a Sexo del sujeto = Mujer

Lesión Músculo-ligamentosa Estructural

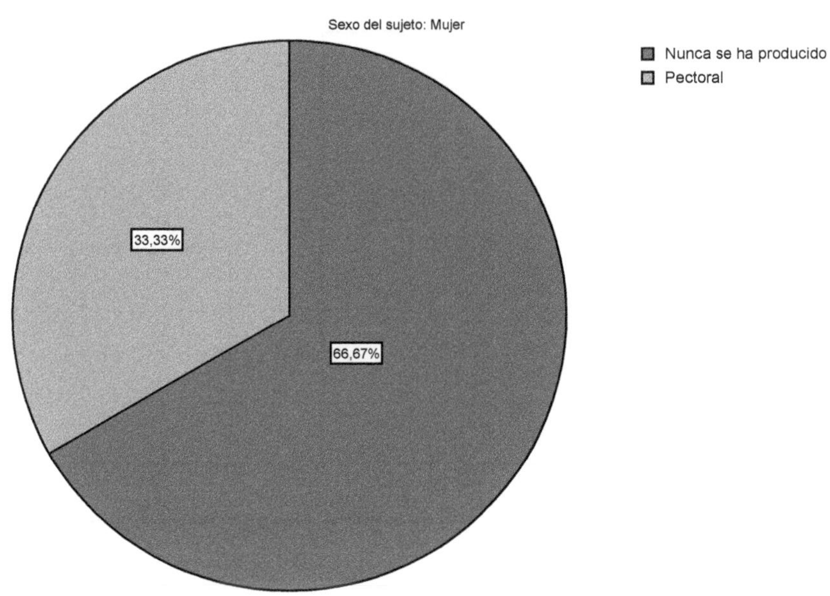

Número de veces que se repiten las lesiones MLE

Estadísticos(a)

Número de veces que se repite la lesión Músculo-ligamentosa Estructural

N	Válidos	6
	Perdidos	0
Moda		,00

a Sexo del sujeto = Mujer

Número de veces que se repite la lesión Músculo-ligamentosa Estructural(a)

		Frecuencia	Porcentaje	Porcentaje válido	Porcentaje acumulado
Válidos	Nunca	4	66,7	66,7	66,7
	1-2	2	33,3	33,3	100,0
	Total	6	100,0	100,0	

a Sexo del sujeto = Mujer

Número de veces que se repite la lesión Músculo-ligamentosa Estructural

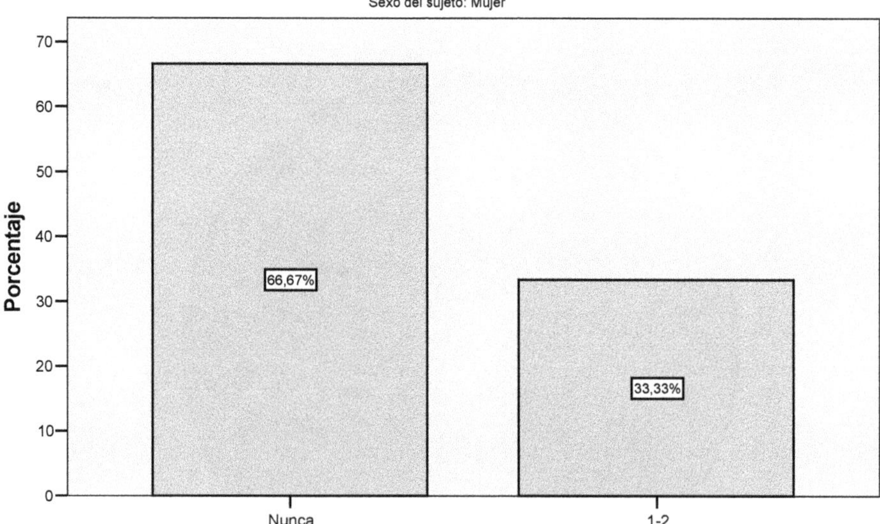

Edad en la que se producen las lesiones MLE

Estadísticos(a)

Edad a la que se produce la lesión Músculo-ligamentosa Estructural

N	Válidos	6
	Perdidos	0
Moda		,00

a Sexo del sujeto = Mujer

Edad a la que se produce la lesión Músculo-ligamentosa Estructural(a)

		Frecuencia	Porcentaje	Porcentaje válido	Porcentaje acumulado
Válidos	Nunca	4	66,7	66,7	66,7
	16-17	1	16,7	16,7	83,3
	24-25	1	16,7	16,7	100,0
	Total	6	100,0	100,0	

a Sexo del sujeto = Mujer

Edad a la que se produce la lesión Músculo-ligamentosa Estructural

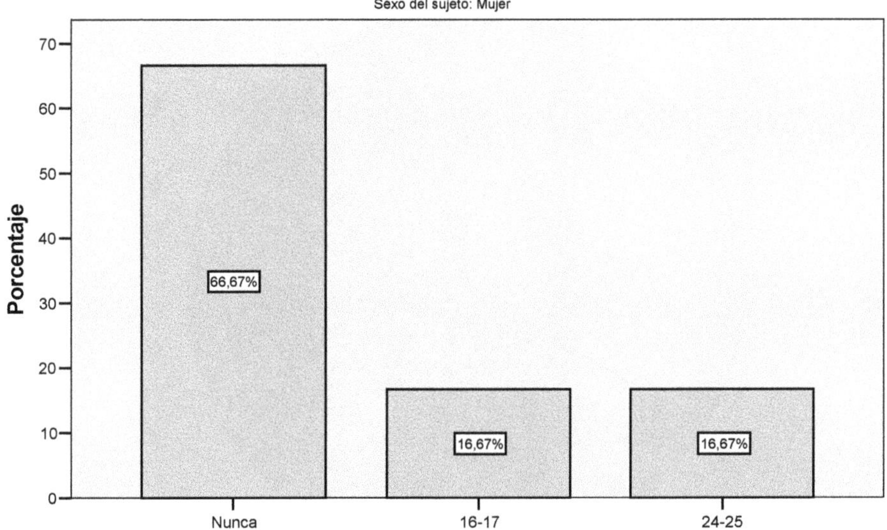

Causa por las que se producen las lesiones MLE

Estadísticos(a)

Causa por la que se produjo la lesión Músculo-ligamentosa Estructural

N	Válidos	6
	Perdidos	0
Moda		,00

a Sexo del sujeto = Mujer

Causa por la que se produjo la lesión Músculo-ligamentosa Estructural(a)

		Frecuencia	Porcentaje	Porcentaje válido	Porcentaje acumulado
Válidos	Nunca	4	66,7	66,7	66,7
	Entrenamiento en tierra	2	33,3	33,3	100,0
	Total	6	100,0	100,0	

a Sexo del sujeto = Mujer

Causa por la que se produjo la lesión Músculo-ligamentosa Estructural

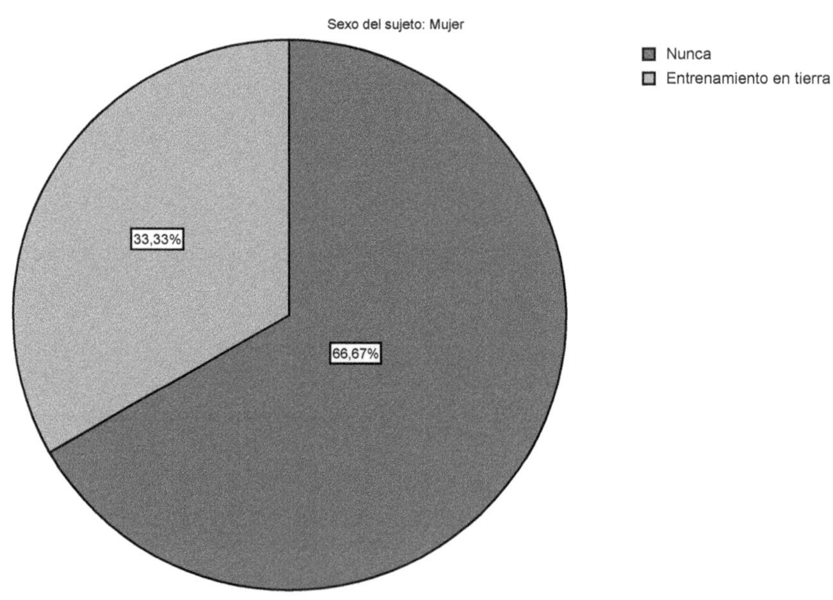

Período en el que se producen las lesiones MLE

Estadísticos(a)

Período en el que se produjo la lesión Músculo-ligamentosa Estructural

N	Válidos	6
	Perdidos	0
Moda		,00

a Sexo del sujeto = Mujer

Período en el que se produjo la lesión Músculo-ligamentosa Estructural(a)

		Frecuencia	Porcentaje	Porcentaje válido	Porcentaje acumulado
Válidos	Nunca	4	66,7	66,7	66,7
	Período preparatorio general	1	16,7	16,7	83,3
	Período preparatorio específico	1	16,7	16,7	100,0
	Total	6	100,0	100,0	

a Sexo del sujeto = Mujer

Período en el que se produjo la lesión Músculo-ligamentosa Estructural

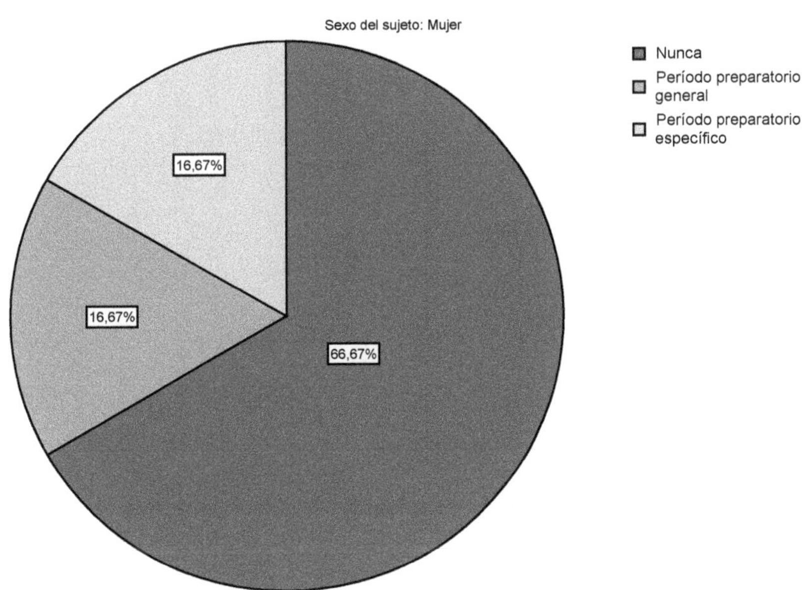

Duración de las lesiones MLE

Estadísticos(a)

Duración de la lesión Músculo-ligamentosa Estructural

N	Válidos	6
	Perdidos	0
Moda		,00

a Sexo del sujeto = Mujer

Duración de la lesión Músculo-ligamentosa Estructural(a)

		Frecuencia	Porcentaje	Porcentaje válido	Porcentaje acumulado
Válidos	Nunca	4	66,7	66,7	66,7
	Menos de 1 semana	1	16,7	16,7	83,3
	Más de 3 semanas	1	16,7	16,7	100,0
	Total	6	100,0	100,0	

a Sexo del sujeto = Mujer

Duración de la lesión Músculo-ligamentosa Estructural

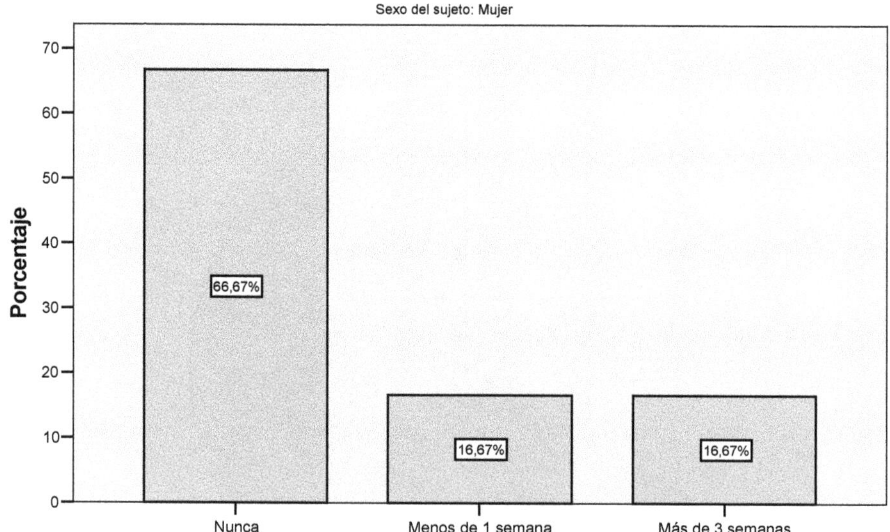

Síntomas actuales de las lesiones MLE

Estadísticos(a)

Síntomas actuales de la lesión Músculo-ligamentosa Estructural

N	Válidos	6
	Perdidos	0
Moda		,00

a Sexo del sujeto = Mujer

Síntomas actuales de la lesión Músculo-ligamentosa Estructural(a)

		Frecuencia	Porcentaje	Porcentaje válido	Porcentaje acumulado
Válidos	Nunca	4	66,7	66,7	66,7
	No	2	33,3	33,3	100,0
	Total	6	100,0	100,0	

a Sexo del sujeto = Mujer

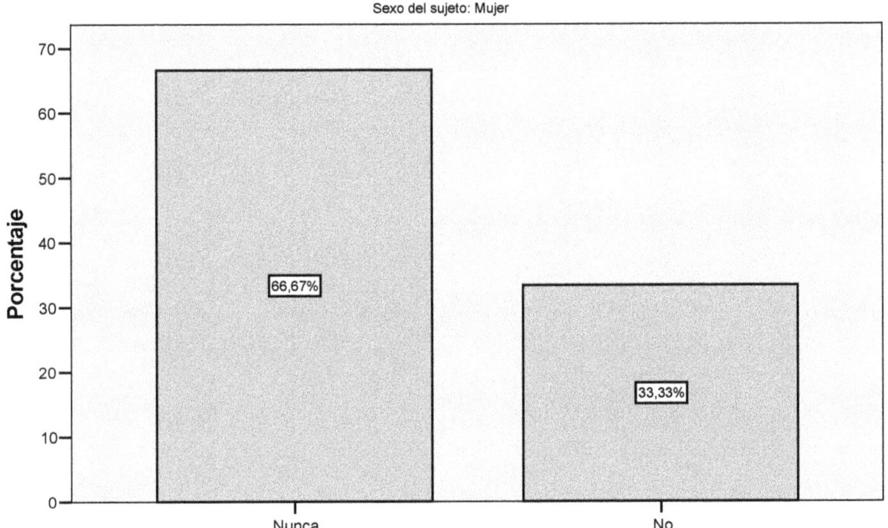

Comentario sobre los resultados de las lesiones MLE en kayakistas damas

En cuanto a las lesiones músculo ligamentosas estructurales en las palistas mujeres sólo se han producido en el pectoral entre los 16 y 17 años y los 24 y 25 años y en todos los casos debido al entrenamiento en tierra.

Estas lesiones se han producido de la misma manera tanto en el periodo preparatorio general como en el periodo preparatorio especifico.

Las lesiones músculo ligamentosas estructurales han sido leves y moderadas en un porcentaje igualado 16,7 %.

No se han producido secuelas o síntomas actuales derivados de estas lesiones en las palistas damas del Equipo Nacional de Piragüismo.

LESIONES MÚSCULO-LIGAMENTOSAS NO ESTRUCTURALES

Datos kayakistas hombres

Porcentaje de lesiones MLNE producidas

Estadísticos(a)

Lesión Músculo-ligamentosa no Estructural

N	Válidos	22
	Perdidos	0
Moda		4,00

a Sexo del sujeto = Hombre

Lesión Músculo-ligamentosa no Estructural(a)

		Frecuencia	Porcentaje	Porcentaje válido	Porcentaje acumulado
Válidos	Nunca se ha producido	1	4,5	4,5	4,5
	Cuadriceps	1	4,5	4,5	9,1
	Lumbar	5	22,7	22,7	31,8
	Redondo	1	4,5	4,5	36,4
	Dorsal	1	4,5	4,5	40,9
	Pectoral	1	4,5	4,5	45,5
	Antebrazo	3	13,6	13,6	59,1
	Bíceps	3	13,6	13,6	72,7
	Hombro	1	4,5	4,5	77,3
	Supraespinoso	3	13,6	13,6	90,9
	Cuello	2	9,1	9,1	100,0
	Total	22	100,0	100,0	

a Sexo del sujeto = Hombre

Lesión Músculo-ligamentosa no Estructural

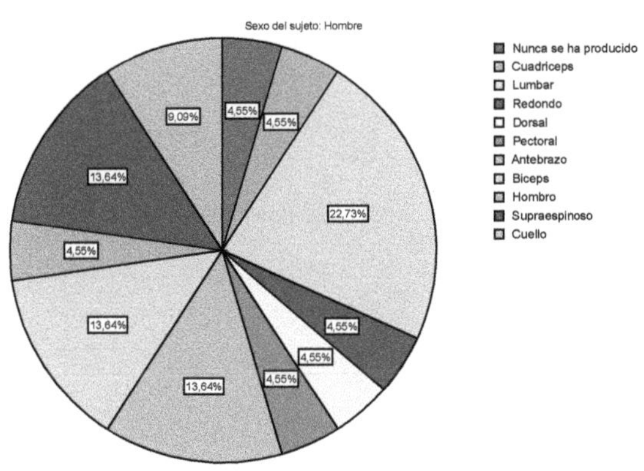

Número de veces que se repiten las lesiones MLNE

Estadísticos(a)

Número de veces que se repite la lesión Músculo-ligamentosa No Estructural

N	Válidos	22
	Perdidos	0
Moda		1,00

a Sexo del sujeto = Hombre

Número de veces que se repite la lesión Músculo-ligamentosa No Estructural(a)

		Frecuencia	Porcentaje	Porcentaje válido	Porcentaje acumulado
Válidos	Nunca	1	4,5	4,5	4,5
	1-2	14	63,6	63,6	68,2
	3-4	3	13,6	13,6	81,8
	7-8	3	13,6	13,6	95,5
	9-10	1	4,5	4,5	100,0
	Total	22	100,0	100,0	

a Sexo del sujeto = Hombre

Número de veces que se repite la lesión Músculo-ligamentosa No Estructural

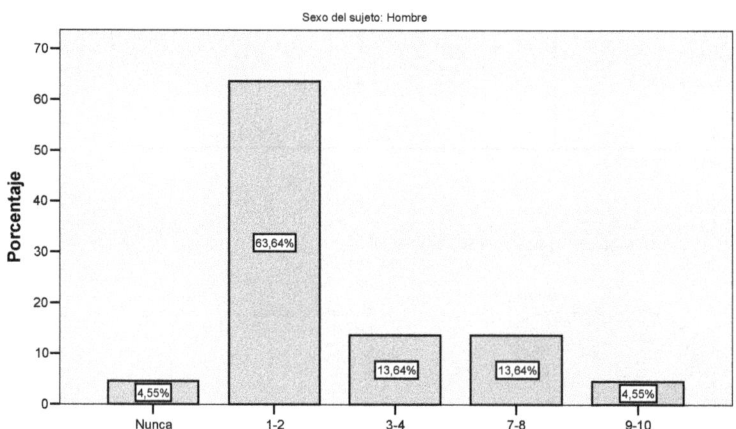

Edad en la que se producen las lesiones MLNE

Estadísticos(a)

Edad a la que se produce la lesión Músculo-ligamentosa No Estructural

N	Válidos	22
	Perdidos	0
Moda		5,00

a Sexo del sujeto = Hombre

Edad a la que se produce la lesión Músculo-ligamentosa No Estructural(a)

		Frecuencia	Porcentaje	Porcentaje válido	Porcentaje acumulado
Válidos	Nunca	2	9,1	9,1	9,1
	14-15	2	9,1	9,1	18,2
	16-17	3	13,6	13,6	31,8
	18-19	1	4,5	4,5	36,4
	20-21	6	27,3	27,3	63,6
	22-23	7	31,8	31,8	95,5
	24-25	1	4,5	4,5	100,0
	Total	22	100,0	100,0	

a Sexo del sujeto = Hombre

Edad a la que se produce la lesión Músculo-ligamentosa No Estructural

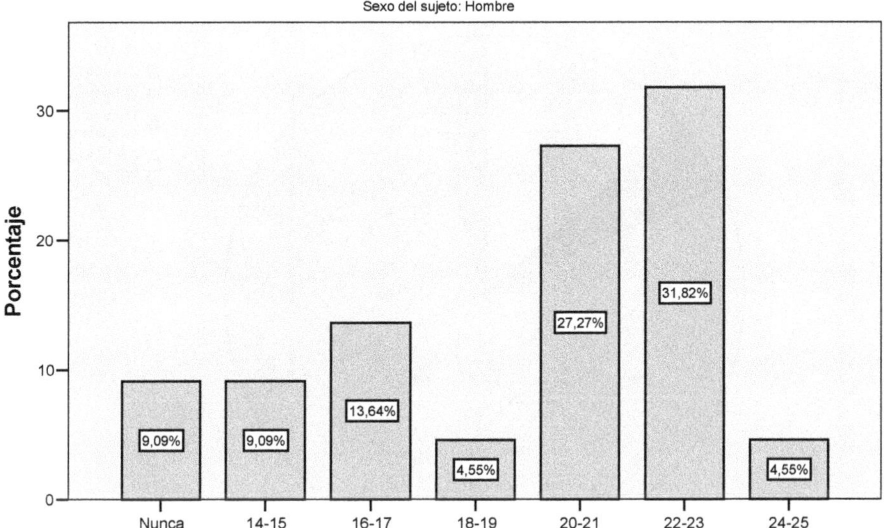

Causa por las que se producen las lesiones MLNE

Estadísticos(a)

Causa por la que se produjo la lesión Músculo-ligamentos No Estructural

N	Válidos	22
	Perdidos	0
Moda		2,00

a Sexo del sujeto = Hombre

Causa por la que se produjo la lesión Músculo-ligamentos No Estructural(a)

		Frecuencia	Porcentaje	Porcentaje válido	Porcentaje acumulado
Válidos	Nunca	1	4,5	4,5	4,5
	Entrenamiento en tierra	6	27,3	27,3	31,8
	Entrenamiento en agua	11	50,0	50,0	81,8
	Durante una competición	1	4,5	4,5	86,4
	Por la adaptación a los barcos de equipo	3	13,6	13,6	100,0
	Total	22	100,0	100,0	

a Sexo del sujeto = Hombre

Causa por la que se produjo la lesión Músculo-ligamentos No Estructural

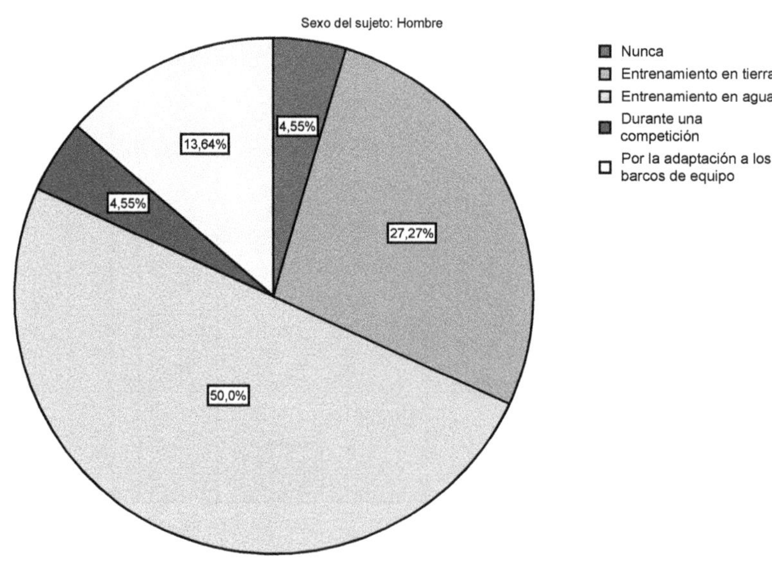

Período en el que se producen las lesiones MLNE

Estadísticos(a)

Período en el que se produjo la lesión Músculo-ligamentosa No Estructural

N	Válidos	22
	Perdidos	0
Moda		3,00

a Sexo del sujeto = Hombre

Período en el que se produjo la lesión Músculo-ligamentosa No Estructural(a)

		Frecuencia	Porcentaje	Porcentaje válido	Porcentaje acumulado
Válidos	Nunca	1	4,5	4,5	4,5
	Período preparatorio general	6	27,3	27,3	31,8
	Período preparatorio específico	6	27,3	27,3	59,1
	Período competitivo	9	40,9	40,9	100,0
	Total	22	100,0	100,0	

a Sexo del sujeto = Hombre

Período en el que se produjo la lesión Músculo-ligamentosa No Estructural

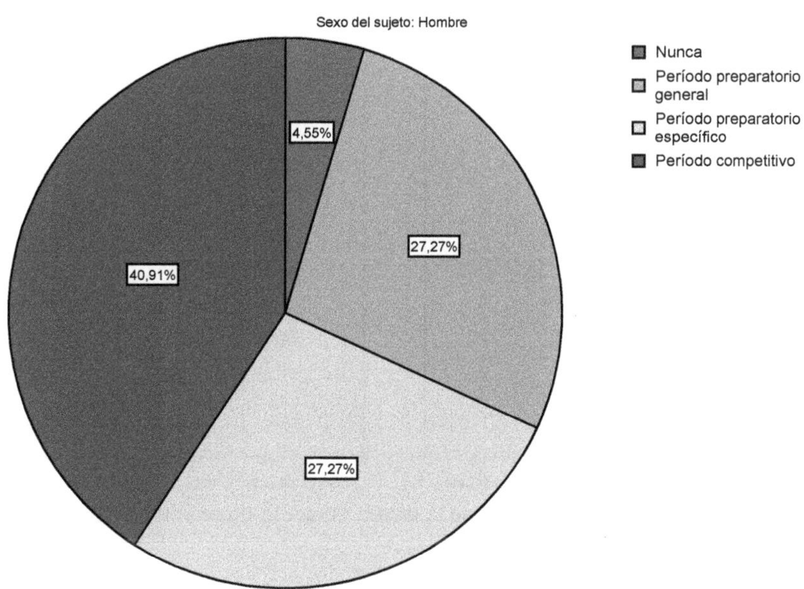

Duración de las lesiones MLNE

Estadísticos(b)

Duración de la lesión Músculo-ligamentosa No Estructural

N	Válidos	22
	Perdidos	0
Moda		1,00(a)

a Existen varias modas. Se mostrará el menor de los valores.
b Sexo del sujeto = Hombre

Duración de la lesión Músculo-ligamentosa No Estructural(a)

		Frecuencia	Porcentaje	Porcentaje válido	Porcentaje acumulado
Válidos	Menos de 1 semana	9	40,9	40,9	40,9
	Menos de 3 semanas	9	40,9	40,9	81,8
	Más de 3 semanas	4	18,2	18,2	100,0
	Total	22	100,0	100,0	

a Sexo del sujeto = Hombre

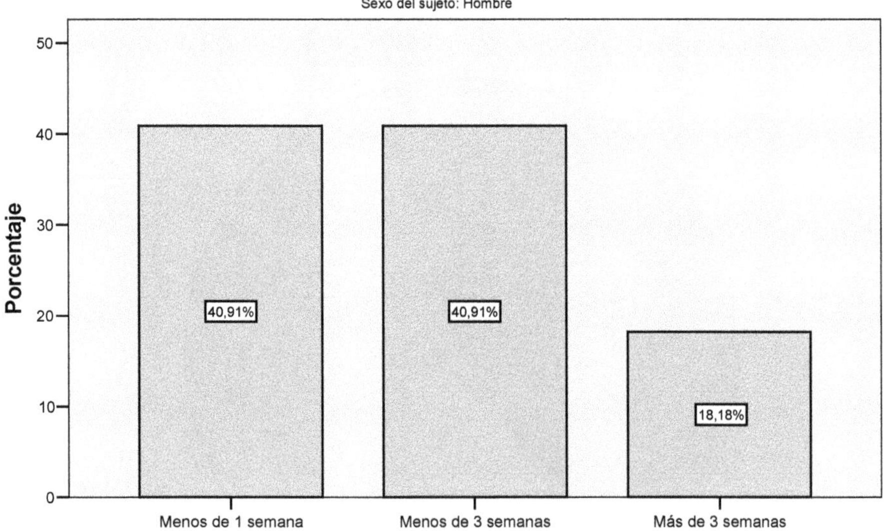

Síntomas actuales de las lesiones MLNE

Estadísticos(a)

Síntomas actuales de la lesión Músculo-ligamentosa No Estructural

N	Válidos	22
	Perdidos	0
Moda		2,00

a Sexo del sujeto = Hombre

Síntomas actuales de la lesión Músculo-ligamentosa No Estructural(a)

		Frecuencia	Porcentaje	Porcentaje válido	Porcentaje acumulado
Válidos	Nunca	1	4,5	4,5	4,5
	Sí	7	31,8	31,8	36,4
	No	14	63,6	63,6	100,0
	Total	22	100,0	100,0	

a Sexo del sujeto = Hombre

Síntomas actuales de la lesión Músculo-ligamentosa No Estructural

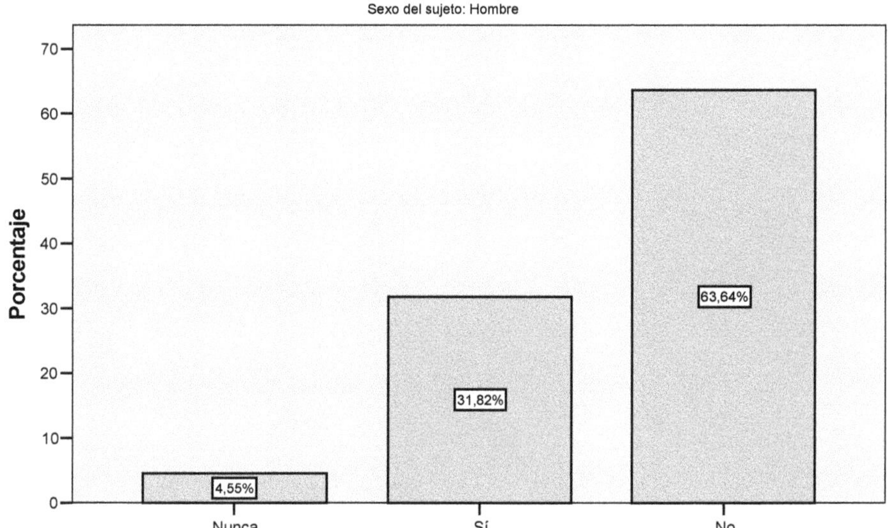

Comentario sobre los resultados de las lesiones MLNE en kayakistas hombres

En cuanto a las lesiones músculo ligamentosas no estructurales en los palistas hombres, el lumbar ha sido el músculo que mas veces se ha lesionado. Es interesante destacar que solo un 4,5% de los palistas encuestados no ha sufrido una lesión de este tipo.

Entre los 20 y los 23 años comprende el mayor número de lesiones de este tipo.

En lo que refiere a las causas de las mismas podemos decir que el 50 % de ellas se producen en entrenamientos en agua.

Estas lesiones se han producido mayormente en el periodo competitivo con un 40,9 %.

Estas lesiones han sido de tipo leve en un 40,9%, moderadas en un 40,9% y graves en un 18,2%

El 63,6 % de los lesionados no tienen síntomas actuales o secuelas, siendo solo un 31,8 los que si las tienen.

Datos kayakistas damas

Porcentaje de lesiones MLNE producidas

Estadísticos(a)

Lesión Músculo-ligamentosa no Estructural

N	Válidos	6
	Perdidos	0
Moda		13,00

a Sexo del sujeto = Mujer

Lesión Músculo-ligamentosa no Estructural(a)

		Frecuencia	Porcentaje	Porcentaje válido	Porcentaje acumulado
Válidos	Lumbar	1	16,7	16,7	16,7
	Pectoral	1	16,7	16,7	33,3
	Supraespinoso	1	16,7	16,7	50,0
	Trapecio	3	50,0	50,0	100,0
	Total	6	100,0	100,0	

a Sexo del sujeto = Mujer

Lesión Músculo-ligamentosa no Estructural

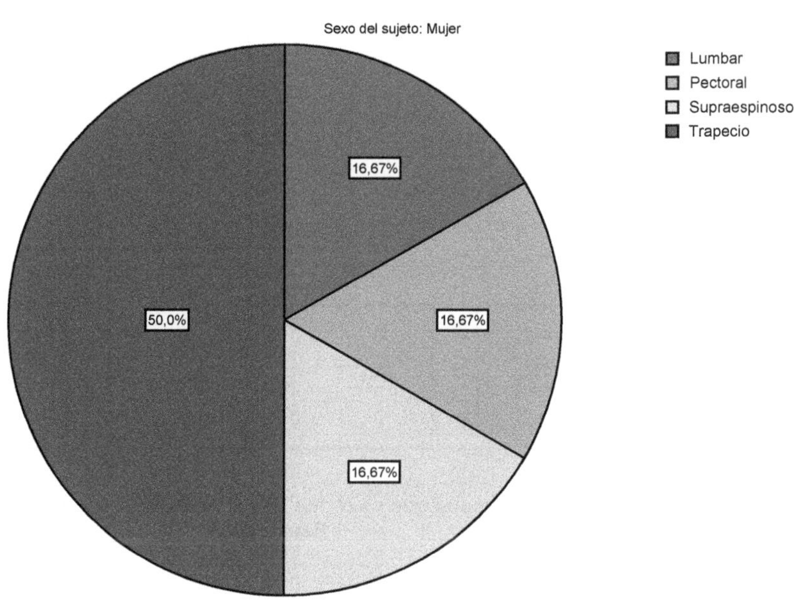

Número de veces que se repiten las lesiones MLNE

Estadísticos(a)

Número de veces que se repite la lesión Músculo-ligamentosa No Estructural

N	Válidos	6
	Perdidos	0
Moda		5,00

a Sexo del sujeto = Mujer

Número de veces que se repite la lesión Músculo-ligamentosa No Estructural(a)

		Frecuencia	Porcentaje	Porcentaje válido	Porcentaje acumulado
Válidos	1-2	1	16,7	16,7	16,7
	3-4	1	16,7	16,7	33,3
	9-10	3	50,0	50,0	83,3
	13-14	1	16,7	16,7	100,0
	Total	6	100,0	100,0	

a Sexo del sujeto = Mujer

Número de veces que se repite la lesión Músculo-ligamentosa No Estructural

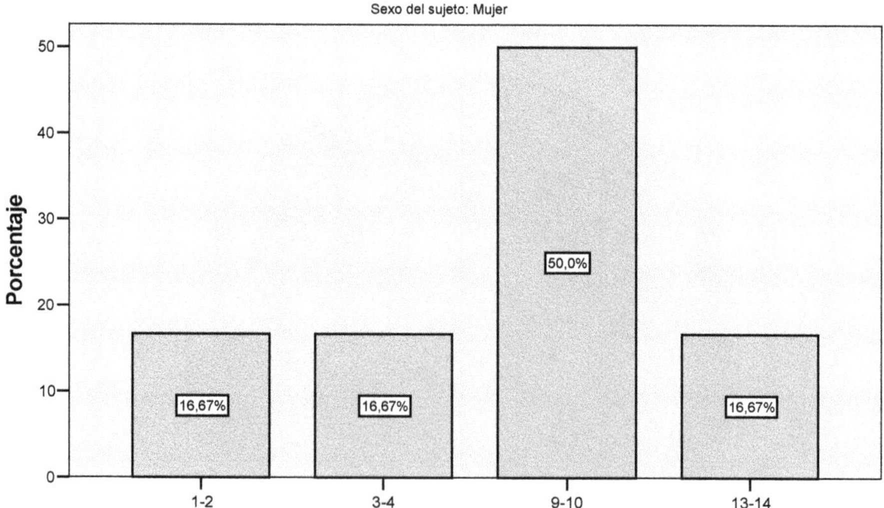

Edad en la que se producen las lesiones MLNE

Estadísticos(b)

Edad a la que se produce la lesión Músculo-ligamentosa No Estructural

N	Válidos	6
	Perdidos	0
Moda		2,00(a)

a Existen varias modas. Se mostrará el menor de los valores.
b Sexo del sujeto = Mujer

Edad a la que se produce la lesión Músculo-ligamentosa No Estructural(a)

		Frecuencia	Porcentaje	Porcentaje válido	Porcentaje acumulado
Válidos	16-17	2	33,3	33,3	33,3
	18-19	2	33,3	33,3	66,7
	20-21	1	16,7	16,7	83,3
	22-23	1	16,7	16,7	100,0
	Total	6	100,0	100,0	

a Sexo del sujeto = Mujer

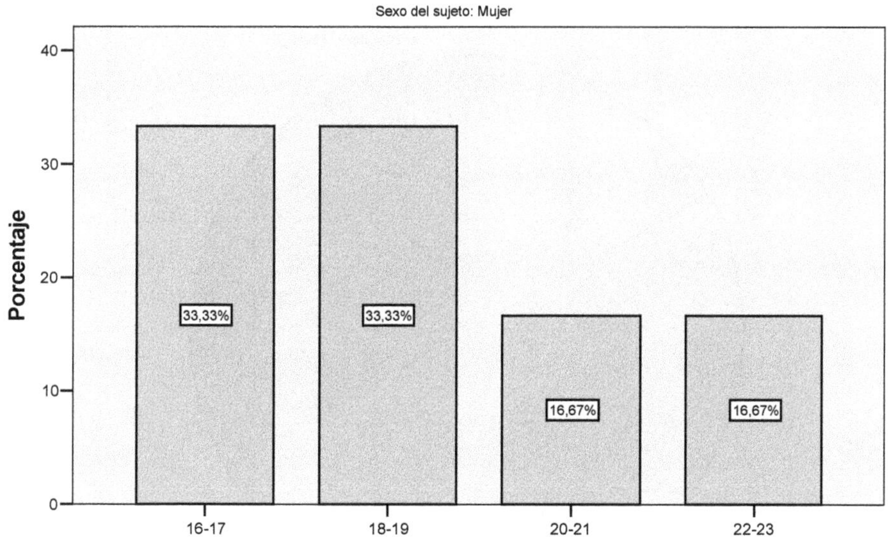

Causa por las que se producen las lesiones MLNE

Estadísticos(a)

Causa por la que se produjo la lesión Músculo-ligamentos No Estructural

N	Válidos	6
	Perdidos	0
Moda		2,00

a Sexo del sujeto = Mujer

Causa por la que se produjo la lesión Músculo-ligamentos No Estructural(a)

		Frecuencia	Porcentaje	Porcentaje válido	Porcentaje acumulado
Válidos	Entrenamiento en tierra	2	33,3	33,3	33,3
	Entrenamiento en agua	3	50,0	50,0	83,3
	Por la adaptación a los barcos de equipo	1	16,7	16,7	100,0
	Total	6	100,0	100,0	

a Sexo del sujeto = Mujer

Causa por la que se produjo la lesión Músculo-ligamentos No Estructural

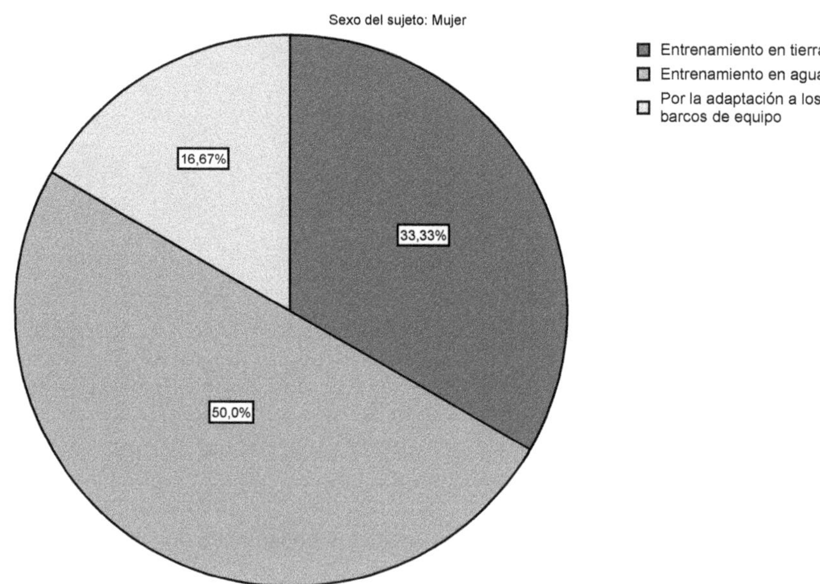

Período en el que se producen las lesiones MLNE

Estadísticos(a)

Período en el que se produjo la lesión Músculo-ligamentosa No Estructural

N	Válidos	6
	Perdidos	0
Moda		1,00

a Sexo del sujeto = Mujer

Período en el que se produjo la lesión Músculo-ligamentosa No Estructural(a)

		Frecuencia	Porcentaje	Porcentaje válido	Porcentaje acumulado
Válidos	Período preparatorio general	4	66,7	66,7	66,7
	Período preparatorio específico	2	33,3	33,3	100,0
	Total	6	100,0	100,0	

a Sexo del sujeto = Mujer

Período en el que se produjo la lesión Músculo-ligamentosa No Estructural

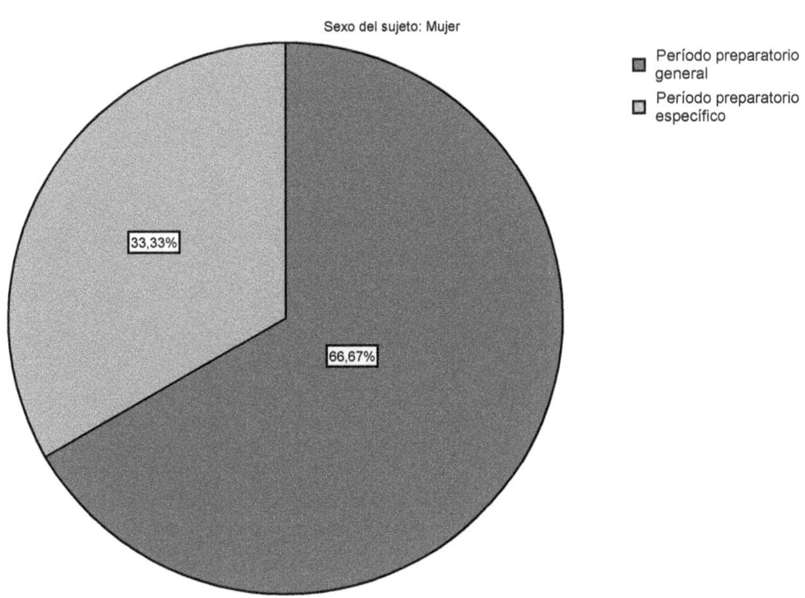

Duración de las lesiones MLNE

Estadísticos(a)

Duración de la lesión Músculo-ligamentosa No Estructural

N	Válidos	6
	Perdidos	0
Moda		1,00

a Sexo del sujeto = Mujer

Duración de la lesión Músculo-ligamentosa No Estructural(a)

		Frecuencia	Porcentaje	Porcentaje válido	Porcentaje acumulado
Válidos	Menos de 1 semana	4	66,7	66,7	66,7
	Menos de 3 semanas	1	16,7	16,7	83,3
	Más de 3 semanas	1	16,7	16,7	100,0
	Total	6	100,0	100,0	

a Sexo del sujeto = Mujer

Duración de la lesión Músculo-ligamentosa No Estructural

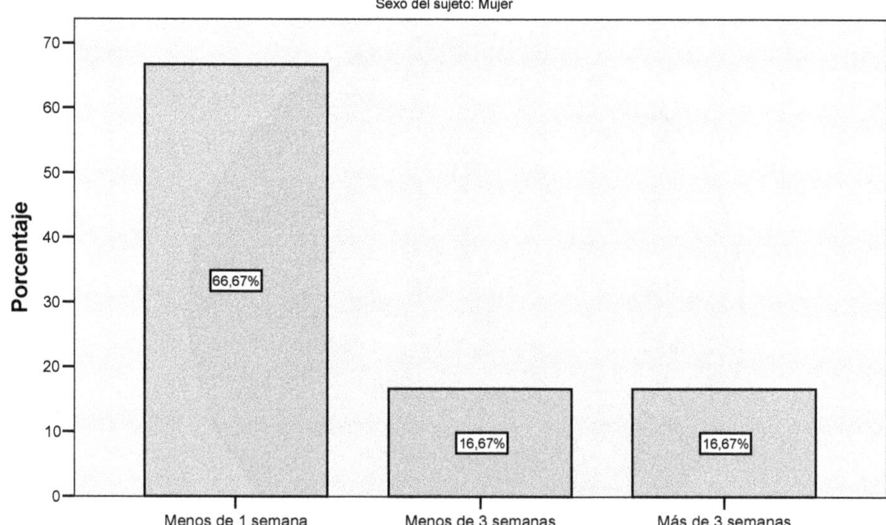

Síntomas actuales de las lesiones MLNE

Estadísticos(a)

Síntomas actuales de la lesión Músculo-ligamentosa No Estructural

N	Válidos	6
	Perdidos	0
Moda		2,00

a Sexo del sujeto = Mujer

Síntomas actuales de la lesión Músculo-ligamentosa No Estructural(a)

		Frecuencia	Porcentaje	Porcentaje válido	Porcentaje acumulado
Válidos	Sí	1	16,7	16,7	16,7
	No	5	83,3	83,3	100,0
	Total	6	100,0	100,0	

a Sexo del sujeto = Mujer

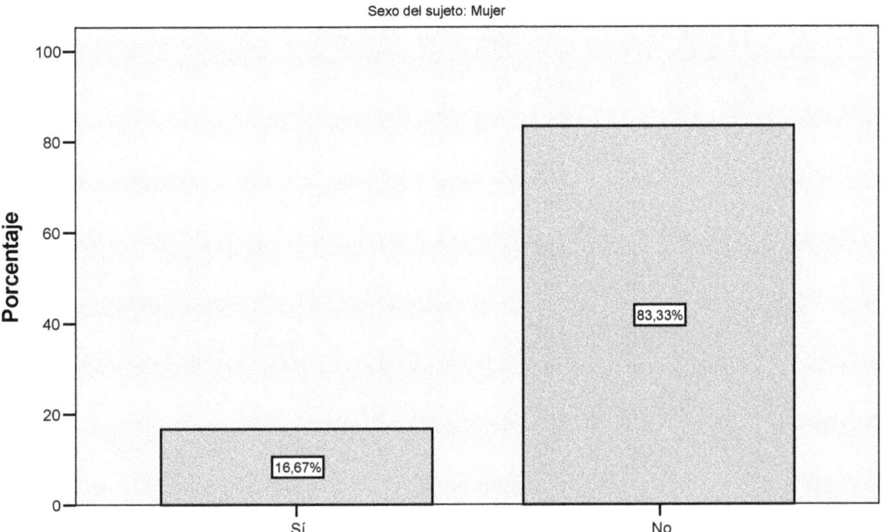

Comentario sobre los resultados de las lesiones MLNE en kayakistas damas

En cuanto a las lesiones músculo ligamentosas no estructurales en las palistas mujeres es el trapecio el músculo que más veces se ha lesionado. Es interesante destacar que el 100% de las palistas encuestadas ha sufrido una lesión de este tipo.

El 50% de las lesiones se han repetido entre 9 y 10 veces.

En lo que refiere a las causas de las mismas, podemos decir que el 50 % de ellas se producen en entrenamientos en agua. Siendo en un 33,33 % a causa del entrenamiento en tierra. También en un porcentaje relevante se producen por la fase de adaptación a los barcos de equipo.

Estas lesiones se han producido mayormente en el periodo preparatorio general como la mayoría de las lesiones de la clasificación propuesta en este trabajo con un 66,7 %.

Han sido de tipo leve un 66,7 % con lo que han tenido una duración inferior a una semana.

El 83,3 % de los lesionados no tienen síntomas actuales o secuelas, siendo solo un 16,7% los que si las tienen.

CONCLUSIONES

Podemos destacar como dato positivo, que se han cumplido los objetivos marcados en esta investigación, ya que como conclusión general se finaliza con un análisis descriptivo de los datos obtenidos en las encuestas. Para clasificar las lesiones se han diferenciado un grupo de hombres y otro de mujeres, continuando con un análisis descriptivo en el que se mencionan los datos más relevantes obtenidos. No se ha pretendido, sin embargo, describir todas y cada una de las variables obtenidas, habiéndose optado por delegar en el lector la búsqueda de la información que le sea más interesante y que responda más a sus necesidades.

Esta investigación, además de aportar una información que puede ayudar a controlar y predecir dónde se puede producir cada tipo de lesión, proporciona una base de datos con la que se puede continuar en otras ulteriores investigaciones. En definitiva, en este trabajo investigador se contienen conclusiones que puedan ayudar tanto a los palistas como a los entrenadores de piragüismo, por y para una mejora continua tanto del conocimiento del deporte, como para la mejora del rendimiento de los deportistas.

ANEXOS

EDAD:
SEXO (hombre/mujer)**:**
LATERALIDAD MANUAL (diestro/zurdo)**:**
AÑOS DE PRÁCTICA (desde que empezaste)**:**
INTERNACIONAL (si/no)**:**
OLÍMPICO (si/no)**:**
MODALIDAD Y DISTANCIA (en la que con mayor frecuencia preparas)**:**

Introducción:

Esta es una encuesta que se esta realizando a todos los palistas del Equipo Nacional de Piragüismo para la recogida de datos y un posterior estudio sobre prevención de lesiones en este deporte.

Vuestra colaboración es imprescindible porque sin ella seria imposible la realización del mismo. Una vez rellenada, por favor remitidla a la siguiente dirección: **urbanopoo@hotmail.com**

A continuación se va a dar información general sobre el cuestionario. No tenéis que contestar a esas preguntas, simplemente están formuladas para que os sea mas fácil rellenar las tablas. En estos cuadros se deben incluir ***todas las lesiones que recordéis haber tenido durante vuestra carrera deportiva.***

La clasificación por grupos musculares que se propone no es obligatoria sino que su intención es la de facilitar el recuerdo de las lesiones. Como ya mencioné, el objetivo es plasmar el mayor número de lesiones que hayáis tenido y lo mas específicas posibles.

Sin más, agradecer vuestra colaboración y dedicación.

Información general acerca del cuestionario (no se tienen que contestar, simplemente leerlas para después rellenar las tablas):

- ¿Has tenido alguna lesión relacionada con respecto a los músculos y articulaciones mencionados en esta clasificación? ¿En cuál de ellos? di que tipo de lesiones has tenido y en cuantas ocasiones te ha sucedido…
- ¿En que año se han producido?
- ¿Sabes por qué se han producido? ¿Ha sido ha causa del paleo en agua, del entrenamiento en tierra, de una competición, de la fase de adaptación a los barcos de equipo o a causa del material o un mal uso del mismo (modelo de embarcación, modelo de pala, longitud, tamaño de la hoja…)?
- ¿En qué época de la temporada se ha producido? En pretemporada, antes de una regata de fondo, Copa de España, Cto. de Europa, Cto. del Mundo…
- ¿Qué duración ha tenido esa lesión? ¿menos de una semana, menos de 3 semanas o más de 3 semanas?.
- ¿Aun tienes algún síntoma relacionado con ello?
- Si aún lo tienes ¿qué tipo de síntoma?

CLASIFICACIÓN: Hombros, brazos (entre hombro y codo), codos, antebrazos (entre codo y muñeca), muñecas, manos, espalda, pectoral y miembro inferior.

EJEMPLOS (4): Se debe contestar en las tablas anexas de la misma manera que en los ejemplos.

		Ejemplo 1	Ejemplo 2	Ejemplo 3	Ejemplo 4
Tipo de lesión		Tendinitis hombro derecho	Contractura en el angular del homóplato	Rotura fibrilar pectoral derecho	Contractura cuadriceps izquierdo
Nº de veces		Todos los años	3	1	2
Año		Desde el 2000	2000, 2003, 2004	2005	2006
	Tierra			Gimnasio: control fuerza máxima	Carrera continua
	Agua	Gesto repetitivo del paleo (todos los años)	Haciendo R-1 (año 2003 y 2004)		
	Competición	En el año 2003 en el Cto. de España de fondo			
	A causa del material		Por cambio de modelo de pala (año 2000)		
	barcos equipo				
Época de la temporada		Especialmente antes de las competiciones mas importantes	Pretemporada	Antes del Cto de España de fondo	Pretemporada
	Menos de 1 semana				x
	Menos de 3 semanas	x	x		
	Mas de 3 semanas			x	
Síntomas actuales	**Si**	x			
	No		x	x	x
¿Qué tipo?		Cuando fuerzo el hombro tengo molestias y me tarda mas en recuperar			

Tipo de lesión					
Nº de veces					
Año					
¿Por qué se ha producido?	Tierra				
	Agua				
	Competición				
	A causa del material				
	barcos equipo				
Época de la temporada					
Duración	Menos de 1 semana				
	Menos de 3 semanas				
	Mas de 3 semanas				
Síntomas actuales	Si				
	No				
¿Qué tipo?					

Tipo de lesión					
Nº de veces					
Año					
¿Por qué se ha producido?	Tierra				
	Agua				
	Competición				
	A causa del material				
	barcos equipo				
Época de la temporada					
Duración	Menos de 1 semana				
	Menos de 3 semanas				
	Mas de 3 semanas				
Síntomas actuales	Si				
	No				
¿Qué tipo?					

<table>
<tr><th colspan="2"></th><th></th><th></th><th></th><th></th></tr>
<tr><td colspan="2">Tipo de lesión</td><td></td><td></td><td></td><td></td></tr>
<tr><td colspan="2">Nº de veces</td><td></td><td></td><td></td><td></td></tr>
<tr><td colspan="2">Año</td><td></td><td></td><td></td><td></td></tr>
<tr><td rowspan="5">¿Por qué se ha producido?</td><td>Tierra</td><td></td><td></td><td></td><td></td></tr>
<tr><td>Agua</td><td></td><td></td><td></td><td></td></tr>
<tr><td>Competición</td><td></td><td></td><td></td><td></td></tr>
<tr><td>A causa del material</td><td></td><td></td><td></td><td></td></tr>
<tr><td>barcos equipo</td><td></td><td></td><td></td><td></td></tr>
<tr><td colspan="2">Época de la temporada</td><td></td><td></td><td></td><td></td></tr>
<tr><td rowspan="3">Duración</td><td>Menos de 1 semana</td><td></td><td></td><td></td><td></td></tr>
<tr><td>Menos de 3 semanas</td><td></td><td></td><td></td><td></td></tr>
<tr><td>Mas de 3 semanas</td><td></td><td></td><td></td><td></td></tr>
<tr><td rowspan="2">Síntomas actuales</td><td>Si</td><td></td><td></td><td></td><td></td></tr>
<tr><td>No</td><td></td><td></td><td></td><td></td></tr>
<tr><td colspan="2">¿Qué tipo?</td><td></td><td></td><td></td><td></td></tr>
</table>

BIBLIOGRAFÍA

- Fernández B., Terrados N., Pérez-Landaluce J. y Rodríguez M. **Patología del piragüismo**. Archivos de Medicina del Deporte 35:315-319, 1992.

- Trevithick BA, Ginn KA, Halaki M, Balnave R. **Shoulder muscle recruitment patterns during a kayak stroke performed on a paddling ergometer**. J Electromyogr Kinesiol. 2007 Feb;17(1):74-9. Epub 2006 Mar 2.

- Hagemann G, Rijke AM, Mars M. **Shoulder pathoanatomy in marathon kayakers.**
Br J Sports Med. 2004 Aug;38(4):413-7.

- Grigorenko A, Bjerkefors A, Rosdahl H, Hultling C, Alm M, Thorstensson A. **Sitting balance and effects of kayak training in paraplegics**. J Rehabil Med. 2004 May;36(3):110-6.

- Fiore DC, Houston JD. **Injuries in whitewater kayaking**. Br J Sports Med. 2001 Aug;35(4):235-41.

- Shephard RJ. **Science and medicine of canoeing and kayaking**. Sports Med. 1987 Jan-Feb;4(1):19-33. Review.

www.ingramcontent.com/pod-product-compliance
Ingram Content Group UK Ltd.
Pitfield, Milton Keynes, MK11 3LW, UK
UKHW031053260726
13965UKWH00006B/1355